O SISTEMA
amazon

RAM CHARAN

JULIA YANG

O SISTEMA amazon

DESCUBRA O MÉTODO DE GESTÃO QUE PODE TRAZER RESULTADOS EXTRAORDINÁRIOS PARA VOCÊ E SUA EMPRESA

Tradução:
Luisa Geisler

Planeta ESTRATÉGIA

Copyright © Ram Charan, 2019
Copyright © Julia Yang, 2019
Copyright © Editora Planeta do Brasil, 2020
Título original: *The Amazon Management System*
Todos os direitos reservados.

Preparação de texto: Vanessa Almeida
Diagramação: Natalia Perrella
Revisão: Nine Editorial e Renata Mello
Capa: Anderson Junqueira
Imagem de capa: Lifestyle Graphic / Shutterstock

Dados Internacionais de Catalogação na Publicação (CIP)
Angélica Ilacqua CRB-8/7057

Charan, Ram
    O sistema Amazon: descubra o método de gestão que pode trazer resultados extraordinários para você e sua empresa / Ram Charan, Julia Yang; tradução de Luisa Geisler. – São Paulo: Planeta, 2020.
    224 p.

Título original: *The Amazon Management System*
ISBN 978-65-5535-173-6

1. Amazon.com - Administração 2. Administração de empresas 2. Negócios 3. Liderança I. Título II. Yang, Julia III. Geisler, Luisa

20-3217   CDD 658

1. Gestão: Negócios

MISTO
Papel produzido a partir de fontes responsáveis
FSC® C019498

Ao escolher este livro, você está apoiando o manejo responsável das florestas do mundo

2022
Todos os direitos desta edição reservados à
Editora Planeta do Brasil Ltda.
Rua Bela Cintra, 986, 4º andar – Consolação
São Paulo – SP CEP 01415-002
www.planetadelivros.com.br
faleconosco@editoraplaneta.com.br

De Ram
Dedicado aos corações e almas da família unida de doze irmãos e primos que moraram sob o mesmo teto por cinquenta anos, cujos sacrifícios pessoais tornaram minha educação formal possível.

De Julia
Dedicado a Judy, minha filha, que continua a me surpreender, inspirar e iluminar.

NOSSO PROPÓSITO

No futuro, todas as empresas serão digitais. A abordagem de gestão centenária pensada para comandar e controlar se tornou obsoleta.

Qual é a nova maneira de pensar e gerenciar na era digital? O sistema de gestão Amazon e os seis fundamentos metodicamente analisados neste livro podem ser esclarecedores para todos.

Nossa pesquisa se baseia em fontes públicas, entrevistas com executivos atuais e anteriores da Amazon e verificação de fatos. Algumas das ferramentas da Amazon e as melhores práticas foram apresentadas aos nossos clientes e se provaram úteis e efetivas.

Para vocês, nossos caros leitores, não estamos sugerindo que se tornem a Amazon, mas que entendam como funciona e escolham os ingredientes e inspirações valiosos para sua própria forma digital.

Este livro será de curta leitura. Se associado com reflexões intensas, gerará aprendizado relevante, prático e útil.

SUMÁRIO

POR QUE ESTE LIVRO?..13

FUNDAMENTO 1: MODELO DE NEGÓCIOS
OBCECADO PELO CLIENTE... 29

FUNDAMENTO 2: AUMENTO CONTÍNUO
DO NÍVEL DE EXIGÊNCIA DO TALENTO............................... 59

FUNDAMENTO 3: SISTEMA MOVIDO POR
DADOS E MÉTRICAS GERADOS POR IA.............................. 87

FUNDAMENTO 4: MÁQUINA DE INVENÇÕES INOVADORAS ... 113

FUNDAMENTO 5: DECISÕES EM ALTA
VELOCIDADE E DE ALTA QUALIDADE.................................. 141

FUNDAMENTO 6: CULTURA DO ETERNO DIA 1 167

LISTA DE CONTROLE DO SISTEMA DE GESTÃO AMAZON......195

PARA LÍDERES NA ERA DIGITAL 197

APÊNDICE 1: A ABORDAGEM DE GESTÃO
E TOMADA DE DECISÃO DA AMAZON EM 9 TÓPICOS............199

APÊNDICE 2: OS 14 PRINCÍPIOS DE
LIDERANÇA DA AMAZON 201

SOBRE OS AUTORES 205

NOTAS 208

ÍNDICE REMISSIVO 214

DESTAQUE DO CAPÍTULO
POR QUE ESTE LIVRO?

POR QUE AGORA?

POR QUE A AMAZON?

O QUE É O SISTEMA DE GESTÃO AMAZON?

Fundamento 1: Modelo de negócios obcecado pelo cliente
Fundamento 2: Aumento contínuo do nível de exigência do talento
Fundamento 3: Sistema movido por dados e métricas gerados por IA
Fundamento 4: Máquina de invenções inovadoras
Fundamento 5: Decisões em alta velocidade e de alta qualidade
Fundamento 6: Cultura do eterno Dia 1

POR QUE ISSO IMPORTA PARA VOCÊ E PARA TODO MUNDO?

Criadores e administradores de negócios
Executivos seniores
Gerentes juniores a intermediários
Os jovens e novatos
Os empreendedores

POR QUE ESTE LIVRO?

POR QUE AGORA?

Nossos sistemas de gestão predominantes no século 21 ainda são majoritariamente herdados das formas mais antigas de organização humana, como as Forças Armadas e a Igreja. Eles foram planejados com o propósito de comandar e controlar em uma época em que não havia internet, smartphones e nenhuma das várias formas de tecnologia digital – big data, dados agregados, algoritmos e inteligência artificial –, e quando a supervisão pessoal era a única maneira de ficar de olho nos funcionários.

As Forças Armadas e a Igreja eram organizadas por função e tinham muitas camadas hierárquicas. As empresas que imitavam seus sistemas de gestão, também.

Então veio uma inovação importante: Pierre Dupont, da Dupont Corporation, e Alfred Sloan, da General Motors, criaram a estrutura em divisões nos anos 1920. Assim, a estrutura matriz evoluiu nos anos 1960 para acomodar os mercados globais e a cadeia de oferta global. No entanto, conforme as empresas cresciam, o número de camadas proliferava, a burocracia aumentava e as decisões ficavam mais lentas.

Nos anos 1980, Jack Welch, da GE, criou o conceito do sistema operacional. Por mais que a intensidade de execuções aumentasse, o número de camadas permaneceu grande, a burocracia seguiu intensa, as decisões se mantiveram lentas e a cadeia entre fabricantes e usuários finais continuou longa.

Além disso, tal sistema de gestão não se focava em clientes ou em inovação para clientes. Em vez disso, líderes organizacionais se fixavam na concorrência, com a mentalidade bastante presa em obter crescimento incremental levemente maior que o PIB, conquistando fatias de mercado contra poucos competidores-chave e imitando alguns dos melhores modelos aqui e ali.

Essa velha abordagem se tornou obsoleta na era digital. A Amazon é um dos maiores motivos.

POR QUE A AMAZON?

A chegada dos pioneiros digitais, como o fundador e CEO da Amazon, Jeff Bezos, criou uma parada disruptiva nesses modelos corporativos de liderança do passado. Ninguém foi mais determinado do que a Amazon ao reinventar o sistema de gestão usando ferramentas que se tornaram disponíveis na era digital.

O sistema de gestão Amazon é verdadeiramente revolucionário. Entrega uma excelente experiência ponta-a-ponta para o consumidor, que é melhor, mais barata, mais rápida e mais conveniente. Ela cria invenções contínuas em nome de seus clientes, cria novos negócios, expande o ecossistema e, o mais importante, aumenta fluxos de caixa de margem bruta, que permite um investimento contínuo em infraestrutura e inovação de tecnologia. Isso não só cria um valor tremendo aos clientes, mas também cria o melhor valor do mundo para investidores.

O lendário investidor Warren Buffett, em uma entrevista com a CNN, definiu a Amazon como um "milagre".

Valor de mercado da Amazon em US$

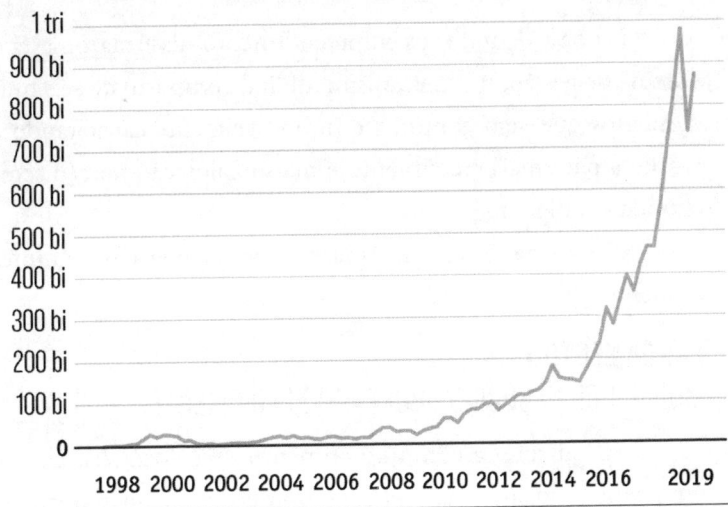

Fonte: Bloomberg

Receita da Amazon em US$

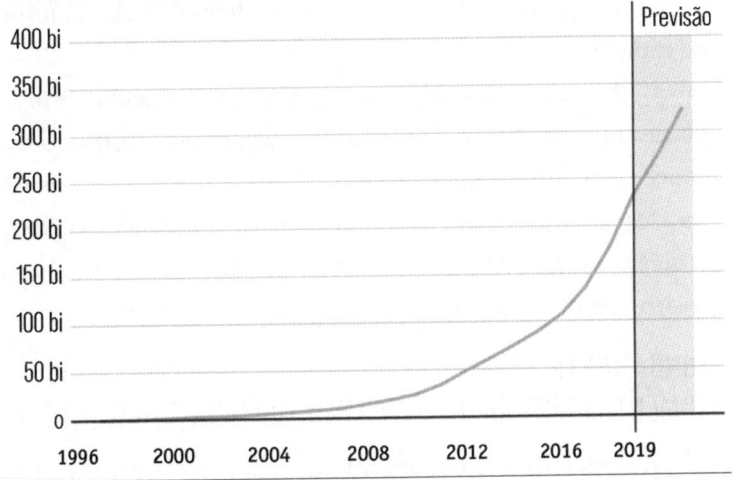

Previsão

Fonte: Bloomberg

POR QUE ESTE LIVRO? · **15**

O QUE É O SISTEMA DE GESTÃO AMAZON?

Na base de todos os empreendimentos da Amazon está o sistema de gestão, um mecanismo digital composto de seis fundamentos que vem contínua e incansavelmente capacitando a empresa para mais crescimento e mais exploração no céu sem-fim da era digital.

O sistema de gestão Amazon revoluciona das seguintes maneiras:

FUNDAMENTO 1
MODELO DE NEGÓCIOS OBCECADO PELO CLIENTE

Apesar de seu comprometimento de colocar seu cliente em primeiro lugar, a maioria das empresas tradicionais opera de forma bastante diferente: elas tendem a colocar a concorrência em primeiro lugar. Prestam uma atenção enorme no resultado financeiro, em especial ao ganho por ação, e dançam de trimestre a trimestre no ritmo de curto prazo definido pelo mercado de capitais.

O modelo de negócios da Amazon, pelo contrário, é obcecado pelo cliente, em contínua expansão, construído em conceitos inovadores de plataforma, ecossistema e infraestrutura, capazes de desafiar leis tradicionais de rendimentos decrescentes e, atualmente, gera aumento no fluxo de caixa e maior retorno de investimento.

FUNDAMENTO 2
AUMENTO CONTÍNUO DO NÍVEL DE EXIGÊNCIA DO TALENTO

A maioria das empresas tradicionais gasta uma quantia enorme de dinheiro e esforço ao recrutar, desenvolver e reter talentos e, ainda assim, enfrenta imensa dificuldade para encontrar as pessoas certas e direcioná-las para os trabalhos certos. Pense em um recrutamento, por exemplo, em que muitas empresas não têm padrões de qualidade específicos, e, mesmo que tenham, eles facilmente cedem à urgência esmagadora do negócio.

O conjunto de talentos da Amazon é definido com cuidado, meticulosamente documentado e escolhido com rigor; isso é atrelado a um acompanhamento e feedback completos do começo ao fim para garantir um nível de exigência cada vez mais elevado tanto para o conjunto de talentos em si quanto para o mecanismo autorreforçador de aquisição e retenção de talento.

Em todas as entrevistas, a Amazon inclui uma pessoa designada e treinada chamada de "elevador de padrão". Ela garante que a contratação seja um encaixe perfeito para a cultura da Amazon e de seu aumento contínuo de nível de exigência.

FUNDAMENTO 3
SISTEMA MOVIDO POR DADOS E MÉTRICAS GERADOS POR IA

Na maioria das empresas fundada antes da digitalização, os dados ficam jogados e fragmentados dentro de silos, camadas e unidades de negócio diferentes, produzindo uma latência significativa de semanas e meses. Pessoas que buscam uma imagem completa do que realmente está acontecendo em qualquer operação diária devem despender uma quantidade intensa de trabalho, envolvendo várias pessoas, e suportar longas esperas para conseguirem se aprofundar em resultados superficiais.

Muitos conseguem se lembrar da experiência dolorosa e das frustrações crescentes de tentar juntar informações importantes de várias divisões para montar uma imagem completa para você, seu time ou uma apresentação. Em algumas empresas, essa necessidade por si só requereria um grande setor.

Numa configuração assim, revisões mensais ou trimestrais poderiam facilmente durar horas, ou até mesmo dias, enquanto líderes empresariais e funcionais filtravam as peças do quebra-cabeça uma por uma. Assim, tanto trabalho poderia cair num vórtice sem controle quando o negócio crescesse, o número de funcionários aumentasse e camadas fossem adicionadas por causa da limitação de tempo e de energia de qualquer ser humano, por exemplo, a regra da "amplitude administrativa".

A Amazon se beneficia de tecnologias modernas para executar operações do dia a dia de um jeito diferente. Seu sistema de dados e métrica é ultradetalhado, interdepartamental, intercamadas, de ponta-a-ponta, em tempo real, orientado por *inputs* e movido por inteligência artificial. Portanto, tudo pode ser rastreado, medido e analisado simultaneamente com anomalias detectadas, insights gerados e decisões rotineiras automatizadas.

Dessa maneira, a empresa fornece uma única fonte verdadeira e minimiza de forma significativa a necessidade de "supervisão pessoal", permitindo, assim, uma redução maciça em camadas organizacionais.

FUNDAMENTO 4
MÁQUINA DE INVENÇÕES INOVADORAS

Antes da Amazon, a maioria das empresas começou a construir seu sucesso a partir de uma inovação brilhante criada muito tempo atrás. Depois daquele momento supersortudo e definidor de destinos, muitos se afastaram de invenções revolucionárias e pareceram complacentes com pequenas melhorias aqui e ali, ano após ano, e às vezes se limitando apenas a embalagens.

Nesse cenário, a Amazon surpreendeu a todos nós. Sua máquina de invenções é contínua, acelerada e mira em gerar invenções revolucionárias, inovadoras, que mudam as regras do jogo e modelam o comportamento de consumidores, criando novos lugares no mercado e oportunidades econômicas de imensa magnitude.

FUNDAMENTO 5
DECISÕES EM ALTA VELOCIDADE E DE ALTA QUALIDADE

Outra falha sistemática de modelos de gestão tradicionais: as decisões são tomadas no que parece ser um ritmo glacial, com uma abordagem de "tamanho único" para quase todas as questões que requerem um sim ou um não. Todos os tipos de frustrações poluem um processo de aprovação tipicamente longo, composto de inúmeros executivos e comitês, e as decisões são cada vez mais atrasadas por políticas, tentativas de apunhaladas nas costas, manipulações do sistema e teatros rotineiros de maximização do número de pedidos de recursos e minimização dos comprometimentos com resultados. Todos nós estamos provavelmente familiarizados com isso a partir de nossas próprias experiências.

As decisões da Amazon são de alta qualidade, em alta velocidade e seguem estritamente uma série de princípios claramente articulados e conjuntos de ferramentas desenhados e aplicados com uma surpreendente consistência pela organização. Isso pode fazer da empresa um lugar muito exigente para trabalhar, mas também liberta os funcionários de muitas das dores de cabeça mencionadas anteriormente.

FUNDAMENTO 6
CULTURA DO ETERNO DIA 1

Ao crescer, a maioria das empresas tradicionais nota que perdeu há muito tempo a velocidade, a agilidade e a vitalidade iniciais, comumente encontradas em empresas que estão começando, as startups. Elas se tornaram rígidas, lentas e avessas ao risco, e a complacência e a burocracia se infiltraram. Algumas conseguiriam sustentar isso por um tempo, algumas gradualmente cairiam no esquecimento ou na irrelevância, algumas se tornariam presa para compradores agressivos e apenas algumas conseguiriam continuamente se renovar.

Como organização, a Amazon se comprometeu a estar eternamente no Dia 1 – isso quer dizer, combinar as vantagens de tamanho e escala de uma empresa grande, a velocidade e a agilidade de uma startup e as atualizações contínuas de capacidades organizacionais.

POR QUE ISSO IMPORTA PARA VOCÊ E PARA TODO MUNDO?

Não se engane. Todo líder, empreendedor, gerente e empregado, sem exceção, deve reconhecer que sistemas de gestão com séculos de idade se tornaram obsoletos e que, para sobreviver e prosperar na era digital, todas as empresas precisam aprender e encontrar uma nova maneira que funcione melhor para elas.

É UMA NECESSIDADE, NÃO UMA OPÇÃO.

CRIADORES E ADMINISTRADORES DE NEGÓCIOS

Daqui em diante, todas as empresas serão digitais. Todas as empresas terão uma plataforma própria e/ou serão conectadas à plataforma de outra empresa.

Empresas, ou até mesmo indústrias antigas, podem quebrar e ser arruinadas. Novos espaços de mercado e grandes oportunidades econômicas estão sendo criados ao mesmo tempo. Os gigantes digitais são as forças motrizes por trás de muitas das grandes mudanças da era digital.

A boa notícia é que a maior parte dos seus companheiros de empresas tradicionais ainda não entrou nessa rota, então se você começar agora a embarcar na jornada da digitalização, aumentará suas chances de tomar a liderança.

A escolha é só sua: morrer ou digitalizar e alcançar criação de valor exponencial.

EXECUTIVOS SENIORES

Na era digital, o conteúdo de seu trabalho vai mudar de forma radical.

Em vez de passar a maior parte do tempo supervisionando os outros e se submetendo a avaliações, reuniões e comitês sem-fim, seu trabalho será estudar os clientes diretamente (sem filtros) e criar inovação contínua para eles. Seu trabalho exigirá aprender como gerenciar operações do dia a dia ao usar dados e métricas com ferramentas digitais para afinar suas opiniões, tomar decisões de alto poder, criar times críticos em missões interdepartamentais, com objetivos claros e resultados específicos, que inovem e entreguem uma melhor experiência para o usuário, além de alocar recursos e fazer ajustes de percurso rapidamente.

Você vai precisar de imaginação para conseguir reinventar o negócio, de organização e sistema de gerenciamento usando ferramentas digitais e liderar a transformação. Do contrário, a digitalização pode ser um grande disruptor para você; e talvez... o exterminador.

GERENTES JUNIORES A INTERMEDIÁRIOS

Conforme mais empresas começam a transição para os tipos de prática da Amazon descritas aqui, líderes vão remover camadas de gerência, exigindo que você reimagine seu trabalho e reconstrua sua competência. Assim como as reformas de gerência dos anos 1980 e 1990 "redesenharam" corporações e removeram papéis redundantes, a era digital está fazendo isso de novo com o filtro da análise de dados.

Esperamos ver reduções em estruturas corporativas multicamadas de sete, nove ou doze camadas para nada além de cinco, quatro ou até mesmo três. Isso reduzirá o conjunto tradicional de gerência em números como oito em cada dez.

Essa mudança é inevitável. Temos trabalhado com grandes empresas tradicionais que foram de oito para três camadas e rapidamente se tornaram disruptivas para sua concorrência tradicional e digital.

Não fique desanimado: isso, na realidade, apresenta a você uma oportunidade. Você pode ir com a maré e tirar vantagem disso, tornando-se mais próspero, mais satisfeito e alcançando crescimento pessoal mais rápido. Pode se beneficiar ao entender o sistema de gestão digital, preparando-se de forma proativa com o conjunto de habilidades e modos de pensar, tornando-se um catalisador em vez de um bloqueio na vindoura digitalização da gestão.

OS JOVENS E NOVATOS

Nunca houve uma época melhor para novos talentos – os jovens e novatos.

Quanto mais você entender o sistema de gestão Amazon, mais contribuições poderá fazer e mais bem-sucedido será em sua carreira, quer esteja trabalhando para uma empresa, quer começando a sua própria.

A maioria das empresas (com "a maioria", queremos dizer 99%), sejam digitais ou tradicionais, procura jovens talentos que trabalhem muito, estejam dispostos a aprender e demonstrem a aptidão, forma de pensar e habilidades necessárias para o novo sistema. Muitas delas se dispõem (na verdade, se forçam) a promover esses jovens de alto potencial mais rápido e se arriscam apesar de sua inexperiência.

Então, agora é a sua hora de brilhar. Aprenda rápido e se prepare.

OS EMPREENDEDORES

Para suas startups, por favor, parem de copiar o sistema de gestão da GE ou de outras empresas da era industrial. Não sigam uma sabedoria tradicional de 100 anos de idade.

Evite sete camadas ou mais, assim como uma estrutura organizacional baseada em departamentos, em silos, e escolha alternativas superiores a estratégia anual, orçamento, indicadores de desempenho e processos avaliativos uma vez por ano. Tente aplicar a forma digital.

Aprenda com os gigantes digitais e inovadores incansáveis, como a Amazon, cujo sistema de gestão está sistematicamente descrito neste livro. Todos os elementos que abasteceram o sucesso tremendo da Amazon criam oportunidades em paralelo para que você comece a construir as superestrelas de amanhã. Alavancar um sistema de gestão digital ajudará a balança de sua empresa de forma muito mais rápida – muito além de expectativas tradicionais.

Encontre uma nova maneira de tirar o máximo da era digital e experimente com o que funciona melhor para você.

* * * * * * * *

De muitas maneiras, a Amazon desafiou as leis tradicionais das operações de negócios, e os fundamentos centrais do sistema de gestão Amazon demonstram uma nova fórmula para vencer na era digital.

Mais uma vez, não estamos aqui para defender uma réplica cega de tudo e de qualquer coisa do sistema. Esperamos que este livro possa ajudar você a entender como ele funciona e escolher os ingredientes e inspirações valiosos para sua própria forma digital.

Ao longo da leitura, você verá que focamos mais nos aspectos positivos do que a Amazon acerta e no que você pode aprender com isso. A marca esteve no noticiário recentemente e apareceu em artigos críticos a respeito de tudo, desde o impacto ao meio ambiente até as más práticas empregatícias. Muitas são questões sérias que requerem sérias considerações e ação. A influência e a visibilidade da Amazon transformam suas decisões nessas áreas ainda mais merecedoras de atenção. Neste livro, não nos dirigiremos a essas questões diretamente – mas, em vez disso, olharemos de maneira específica de um ponto de vista gerencial para o que você pode aprender do modelo da Amazon a fim de criar valor, compartilhar os seis fundamentos e aplicá-los em seu próprio negócio.

DESTAQUES DO CAPÍTULO
FUNDAMENTO 1

O modelo de negócios da Amazon é obcecado pelo cliente, está em contínua expansão, é construído em conceitos inovadores de plataforma, ecossistema e infraestrutura e personalização (M=1) capazes de desafiar leis tradicionais de rendimentos decrescentes, e, atualmente, gera aumento no fluxo de caixa e maior retorno de investimento. O que é o sistema de gestão Amazon?

QUAL É O MODELO DE NEGÓCIOS DA AMAZON?

1.0: Loja virtual de livros
2.0: Loja virtual de tudo
3.0: Não loja – plataforma on-line
4.0: Infraestrutura e plataforma on-line e off-line

QUAL É A LÓGICA POR TRÁS DISSO?

Obsessão pelo cliente
Invente para o cliente
Pensamento de longo prazo
Ganhos *vs.* gerar dinheiro

COMO FAZER FUNCIONAR?

FUNDAMENTO 1: MODELO DE NEGÓCIOS OBCECADO PELO CLIENTE

Antes de começar a Amazon, Jeff Bezos trabalhou na D. E. Shaw e Co., uma empresa de Wall Street, famosa por seus métodos quantitativos para compra e venda. Em 1994, o fundador David Shaw nomeou Bezos para liderar a tarefa de estudar possíveis oportunidades de negócios que poderiam ser criadas na internet. Os dois passaram algumas horas realizando um *brainstorming* a cada semana, e Bezos conduzia estudos mais aprofundados para explorar a viabilidade de suas ideias.

Entre essas ideias aparentemente malucas geradas vinte e cinco anos atrás, algumas de fato se realizaram, como o "conceito de um serviço de e-mails gratuito, pago por anúncios para consumidores – a ideia por trás do Gmail e do Yahoo Mail", "um novo tipo de serviço financeiro que permitia que os usuários da internet negociassem ações e títulos on-line" –, a ideia por trás do E-Trade, e, por último, mas não menos importante, a "loja de tudo".[1]

Quando Bezos estudou a internet, um número mágico chamou sua atenção: **2.300%**. A atividade on-line tinha aumentado em um fator de, aproximadamente, 2.300% no ano anterior. Bezos notou: "É altamente incomum, e isso me fez pensar, que tipo de plano de negócios poderia fazer sentido no contexto desse crescimento?"[2] Com essa noção em mente, ele decidiu sair de sua carreira lucrativa e altamente promissora em Wall Street e abrir seu próprio negócio.

Vinte e cinco anos atrás, a internet ainda estava engatinhando. Então por onde Bezos deveria começar? Como conceitualizar um modelo dinâmico de negócios com crescimento ilimitado que tinha tanto o potencial alto de surfar essa onda de crescimento sem precedentes e a viabilidade sólida de converter sua ambição em realidade?

QUAL É O MODELO DE NEGÓCIOS DA AMAZON?

Apesar de extremamente empolgado com o crescimento sem precedentes, Bezos se deu conta de maneira sensata de que era altamente impraticável lançar a "loja de tudo" desde o começo.

Então ele começou listando vinte categorias de produtos que tinham potencial de venda on-line, como software para computador, material de escritório, roupas e música. Depois de contemplar com cuidado, ele decidiu que o melhor ponto de partida deveriam ser os livros.

1.0: LOJA VIRTUAL DE LIVROS

Por que livros?

Você provavelmente consegue pensar em diversos motivos óbvios sozinho. Livros são altamente padronizados, o mercado é grande e a logística de enviar livros é relativamente menos desafiadora que a do envio de outras coisas.

O motivo menos óbvio é que, naquela época, o mercado de livros estava altamente dominado por apenas duas distribuidoras. Para uma startup, era muito mais fácil lidar com apenas dois, em vez de milhares, senão centenas de milhares, de fornecedores ao mesmo tempo.

No entanto, o motivo mais importante era que a internet poderia oferecer imensas margens competitivas no negócio dos livros.

Por quê? Na época, uma livraria típica tinha cem mil livros em estoque, apenas uma fração dos cerca de três milhões de títulos publicados. Todas as livrarias físicas estavam restritas a um teto prático de quantos livros conseguissem ter, enquanto uma livraria on-line poderia oferecer uma "seleção ilimitada".

Esse era exatamente o diferenciador crucial que Bezos estivera buscando para alimentar sua ambição que mudaria o jogo. Ele entendia que a internet mudaria a experiência de compra dos clientes de uma forma fundamental. Então, quais outros truques de mágica uma internet recém-nascida poderia fazer?

Havia dois outros mais a notar. Um eram as resenhas de clientes. Ao contrário das avaliações elogiosas de figuras famosas incluídas nos livros físicos como parte das campanhas de marketing, as resenhas na internet viriam de leitores comuns, diretos, autênticos e sem filtro. O espaço sem limitações na internet queria dizer que todas as resenhas, positivas ou negativas, poderiam ser mostradas por inteiro, como eram postadas.

O outro é a personalização. Bezos tinha a visão de que um dia eles poderiam chegar ao máximo de personalização: uma versão diferente do site para cada cliente, baseado nos padrões e preferências derivados de seus registros de compra anteriores. Isso seria uma experiência totalmente nova para clientes, que era possível apenas na internet emergente.

Com "seleção ilimitada", "resenhas de cliente sem filtro" e "a personalização definitiva", as três vantagens inatas e sem igual da internet, Bezos tinha confiança de que nenhuma livraria física, não importando quão grande fosse, poderia oferecer ameaça séria no longo prazo.

É por isso que talvez a palavra "Amazon" tenha encantado Bezos de forma instantânea, quando ele tentou encontrar um bom nome para sua startup. Ele havia experimentado nomes como Awake.com, Browse.com, Bookmal.com, Relentless.com, Makeitso.com, assim como Cadabra. Ainda buscando, Bezos foi para o dicionário. Por sorte, a procura por nome não durou muito. Amazon saltou aos olhos. Foi amor à primeira vista. Amazon – em português, Amazonas – "não é apenas o maior rio do mundo. É muitas vezes maior do que o próximo maior rio. Ele arrasa todos os outros rios pela frente", Bezos disse.

Sim, seria Amazon.

O nome ressoou com a ambição dramática de Bezos na época. Seu objetivo era construir uma livraria on-line que não apenas seria a maior no mundo inteiro, mas também poderia arrasar todas as outras livrarias.

Claramente, Bezos alcançou seu objetivo. A Amazon se tornou **a líder indisputável no mercado de livros.** Em 2018, nos Estados Unidos, ela comandava uma parcela dominante de 42% de livros físicos e uma surpreendente parcela de 89% em e-books (conforme demonstrado a seguir).

Amazon é a maior vendedora de livros nos Estados Unidos

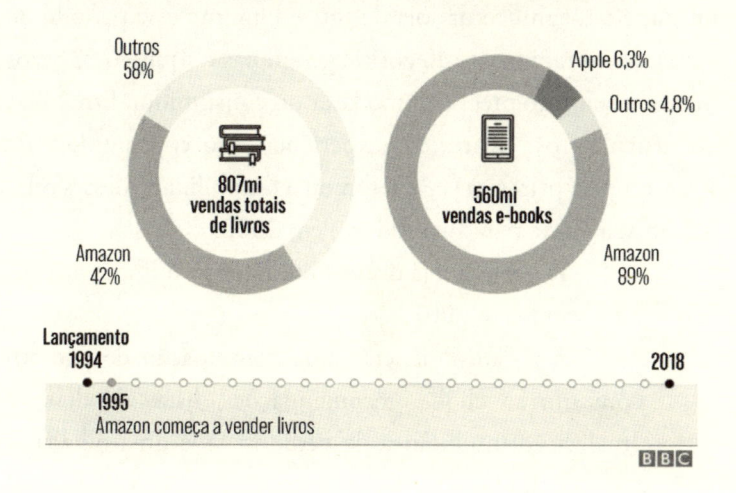

- Outros 58%
- Amazon 42%
- 807mi vendas totais de livros

- Apple 6,3%
- Outros 4,8%
- Amazon 89%
- 560mi vendas e-books

Lançamento 1994

1995 Amazon começa a vender livros

2018

BBC

2.0: LOJA VIRTUAL DE TUDO

Apesar do florescente negócio de livros da Amazon, Bezos nunca se esqueceu de seu sonho da "loja de tudo". Em 1998, iniciou sua primeira onda de expansões para novas categorias, como músicas, vídeos e presentes; e para novas geografias, como o Reino Unido e a Alemanha. Depois disso, a empresa acelerou suas expansões futuras em brinquedos, eletrônicos, materiais de construção, software, videogames e muito mais. Esse era o núcleo da visão de Bezos.

Apesar de usufruir de crescimento orgânico drástico nessas primeiras categorias, a Amazon também havia feito inúmeros investimentos e aquisições, como a Drugstore.com, Pets Smart, Accept.com, HomeGrocer.com, Gear.com, Back to Basics Toys, Greenlight.com (loja on-line de carros), Wine Shopper.com, Audible.de, Zappos e muitos outros.[3] Apesar da variedade, você pode discernir um tema subjacente em comum.

Em uma velocidade estonteante, a Amazon tinha tecido um tapete magnífico da loja de tudo. Durante esse período de crescimento rápido de categorias, geografias e aquisições, Bezos manteve seu foco preciso como laser no consumidor. Em 2001, ele articulou os "pilares das experiências do consumidor" da Amazon pela primeira vez e reforçou a durabilidade desses pilares em sua Carta para Investidores em 2008:

1. Seleção: já tinha 45 mil itens e milhões de títulos à venda em 2001.

2. Conveniência: uma combinação de pedidos com um só clique, recomendações, listas de desejos, atualização instantânea de pedidos, "Dê uma olhada" e entrega rápida.

3. Preço baixo: não apenas na escala da economia, mas também pela Lei de Moore e suas variantes (preço de performance da banda larga, espaço na memória e poder de processamento se duplicam a cada nove, doze e dezoito meses, respectivamente).

Por que esse foco constante nos clientes? Porque Bezos acredita firmemente que "o nosso grupo de clientes é o nosso ativo mais valioso".

A Amazon lançou a Amazon Prime em 2005, uma inscrição de 79 dólares por ano para entrega de até dois dias grátis. Havia mais de cem milhões de membros *prime* por todo o mundo em 31 de dezembro de 2018, o segundo maior número de inscritos pagos, perdendo apenas para a Netflix.[4]

Curiosamente, o princípio de se focar no cliente resultará na melhor criação de valor para investidores.

3.0: NÃO LOJA - PLATAFORMA ON-LINE

O que é uma plataforma e como ela se diferencia de uma loja?

Um negócio de vendas primárias é uma loja, e não se qualificaria como plataforma. Uma plataforma engaja várias partes, facilita transações complicadas e/ou interações com produtos e serviços múltiplos, criando valor para todas as partes envolvidas.

Para que a Amazon se tornasse verdadeiramente uma plataforma, Bezos criou o conceito da "não loja" para emoldurar outra vez a noção da Amazon para aqueles que a viam apenas como uma varejista que tinha montado uma loja em um CEP digital. Ele explicou e elaborou repetidamente o porquê de a Amazon ser uma empresa de tecnologia, não uma varejista. Argumentou que a Amazon deveria apenas se preocupar com o que é melhor para os clientes, ajudando-os a fazer as melhores escolhas.

Essa decisão teria imensas implicações operacionais e estratégicas. A Amazon não estaria presa às regras tradicionais do varejo e, o mais importante, centraria seus esforços em como criar relacionamentos de longo prazo com base na confiança com os clientes, em vez de maximizar receita e lucro no curto prazo por meio de vendas diretas.

É por isso que depois de duas tentativas fracassadas de atrair vendedores externos (ambas lançadas em 1999, Amazon Auctions, abandonada em 2000, e ZShops, abandonada em 2007), a Amazon audaciosamente lançou o Marketplace, uma plataforma de e-commerce que pertencia e era operada pela

Amazon que autorizava vendedores externos a vender produtos novos ou usados ao lado das ofertas regulares da Amazon.

No começo, muitas pessoas ficaram chocadas com a decisão da Amazon de listar resultados de buscas de itens tanto de vendedores diretos, de primeira parte, e de terceira parte, na mesma página, para capacitar vendedores externos com todo tipo de ferramentas poderosas de análise e gestão, e até mesmo compartilhando com eles a própria base de clientes da Amazon, além das competências centrais da empresa, como atendimento.

Para qualquer um que visse o modelo de negócios da Amazon como o de uma loja on-line, suas ofertas generosas para vendedores externos pareciam totalmente malucas. Por que ajudar os concorrentes? E, ainda assim, para qualquer um que vê a Amazon como plataforma, a escolha faz total sentido. Porque no modelo de plataforma, vendedores externos não são competidores, mas valiosos parceiros de ecossistema. A Amazon construiu um ecossistema de milhares de negócios de pequeno e médio porte, vendedores externos, desenvolvedores, provedores de serviços de entrega e autores.[5]

Sozinha, uma pessoa nunca conseguiria desenvolver uma plataforma; trabalhando com parceiros de ecossistema, uma plataforma vai emergir, desenvolver e florescer de forma gradual em um ecossistema vibrante. Essa é uma das novas regras cruciais do jogo na era digital. A Amazon teve a presciência de reconhecer os modelos dinâmicos de negócios cada vez mais possíveis sob as leis da economia digital e criou valor inimaginável com esses insights cedo o suficiente para tomar uma atitude e acelerar os benefícios de seus aspectos inter-relacionados.

O famoso ciclo da Amazon (a seguir), a *flywheel*, ilustra de forma visual e vívida a lógica interna de como uma plataforma funciona.

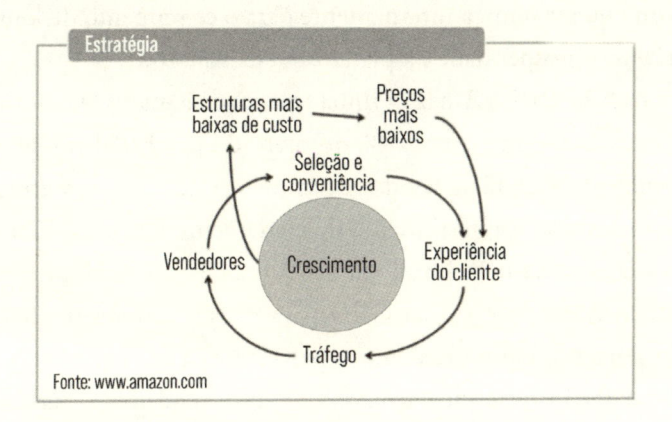

Estratégia

Estruturas mais baixas de custo → Preços mais baixos

Seleção e conveniência

Vendedores — Crescimento — Experiência do cliente

Tráfego

Fonte: www.amazon.com

Como uma loja on-line autônoma, há uma limitação no número de itens que se pode oferecer e de clientes que se pode atender, e essencialmente cresce de maneira linear. O modelo de negócios da plataforma abre tudo para vendedores externos, que são o gatilho do crescimento de uma ordem maior – um salto de linear para exponencial, de newtoniano para quântico.

Mais vendedores trarão variedade maior, atrairão mais clientes (por exemplo, tráfego no site) e, assim, aumentarão a escala (crescimento). A escala ampliada reduzirá ainda mais a estrutura de custos e se traduzirá em preços ainda mais baixos para os clientes. Com o aumento na seleção de produtos, a diminuição do preço e o provável aumento de conveniência (outro benefício colateral do aumento da escala), a experiência do cliente será melhorada. A experiência do cliente melhorada vai gerar mais tráfego no site, aumentando então o crescimento de um ciclo poderoso, o *flywheel* da Amazon.

Essa é exatamente a beleza inata da plataforma. Todas as ofertas generosas da Amazon para vendedores externos, a capacitação deles, seus parceiros dentro do ecossistema são o mecanismo que se reforça internamente para o crescimento de longo prazo e a prosperidade da plataforma da Amazon.

Em 2018, a Amazon tinha se tornado a maior plataforma de vendas on-line, com 45% do mercado nos Estados Unidos (conforme a seguir). Vendas de comerciantes externos atingiram uma taxa impressionante de crescimento anual de 52%, e cresceu de US$ 0,1 bilhão, em 1999, para US$ 160 bilhões, em 2018.[6] Bezos brincou na Carta para os Investidores de 2018: "As porcentagens representam a parcela bruta de vendas de produtos físicos vendidos na Amazon por vendedores externos independentes – a maioria deles, negócios de pequeno e médio porte –, em comparação às vendas próprias e diretas da Amazon. Vendas de vendedores externos cresceram de 3% para o total de 58%. Para colocar de forma direta: vendedores externos estão dando uma surra em nossas vendas diretas. Pesada".

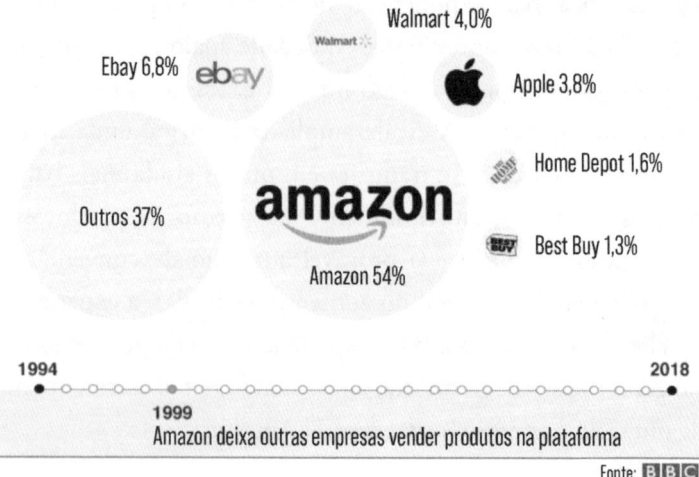

Walmart 4,0%
Ebay 6,8%
Apple 3,8%
Home Depot 1,6%
Outros 37%
amazon
Best Buy 1,3%
Amazon 54%

1994 — 2018
1999
Amazon deixa outras empresas vender produtos na plataforma

Fonte: BBC

4.0: INFRAESTRUTURA E PLATAFORMA ON-LINE E OFF-LINE

Com a aquisição de US$ 13,7 bilhões da Whole Foods em 2017 e a abertura do Amazon Go, a Amazon expandiu seu império para supermercado de produtos frescos e off-line. Na verdade, a Amazon esteve experimentando o mercado de produtos frescos vários anos antes da aquisição.

Por que essa categoria em particular era tão importante para a Amazon? Porque ir às compras no mercado é uma atividade de alta frequência. Para alguns, pode ser uma vez por semana; ou duas a três vezes por semana; para outros, uma rotina diária. Esse esquema de **interações frequentes com clientes** é um sonho realizado para a Amazon, uma plataforma que tem quase tudo para quase todo mundo. Além disso, a Amazon se posicionou de forma única para alavancar sua vasta base de clientes, junto de suas capacidades exclusivas de realização para expandir nesse espaço adjacente tanto on-line quanto off-line.

O aspecto mais proeminente e também mais surpreendente do modelo de negócios da Amazon é provavelmente seu sucesso na questão de infraestrutura, como Fulfillment By Amazon (FBA, 2006), Amazon Web Services (AWS, 2006) e Alexa (2014).

Apesar da forte pressão competitiva da Microsoft, Google e Alibaba, a AWS permanece sendo a número 1 no serviço global de nuvem, com mais de 40% da parcela do mercado mundial. Em 2018, a AWS tinha milhões de clientes, estendendo de startups para empreendimentos grandes a entidades governamentais e organizações sem fins lucrativos[7] e atingiu US$ 26,7 bilhões de lucro, 11% do total da Amazon e US$ 7,3 bilhões de renda operante, 59% do total da Amazon.[8]

Como a Amazon conseguiu fazer uma expansão tão bem-sucedida para os negócios de infraestrutura?

Ao longo dos anos, para manter seus negócios de venda direta funcionando bem, a Amazon acumulou uma experiência tremenda em realização e tecnologia. Na teoria tradicional de concorrência, as empresas deveriam guardar essas competências centrais como um know-how do proprietário, usando-as estritamente para fins internos. A Amazon reconheceu as novas regras do jogo na era digital e viu como essas forças competitivas poderiam abrir a porta para uma nova opção: transformar isso em um serviço para atender parceiros externos.

Por exemplo, por meio da FBA, itens comercializados por vendedores externos seriam cobertos pelo programa Prime, que significava que se qualificariam para o frete grátis de até dois dias, dando, assim, um incentivo significativo para seus negócios.

A mesma linha de raciocínio se aplica a AWS. Esses serviços flexíveis, acessíveis e convenientes que capacitam são essenciais para startups e empresas de pequeno a médio porte. Com serviços de nuvem, essas empresas não precisam fazer um grande investimento de entrada para construir seu próprio sistema de TI. Em vez disso, elas podem contar com a AWS e simplesmente pagar pelo uso. Dessa forma, a Amazon baixava os recursos e especialidade necessários para começar e aumentar um negócio. Alexa é ainda mais assim. É uma assistente de inteligência artificial que funciona com voz e na nuvem. Além do Echo, que também está aberto tanto para outras empresas que criam aparelhos *smart* quanto para desenvolvedores externos. Como Bezos anunciou com orgulho:

> "Desde aquele Echo de primeira geração, os clientes compraram mais de 100 milhões de aparelhos ativados pela Alexa... O número de aparelhos com a Alexa incluída mais do que duplicou em 2018. Agora, há mais de 150 produtos disponíveis com a Alexa incluída, desde fones de ouvido e PCs até carros e equipamentos para casas smart. Muito mais está por vir!"[9]

Nesse sentido, a Amazon se tornou a infraestrutura possibilitadora para todos os tipos de empresas da era digital.

Aqui vem outro exemplo fascinante da Amazon facilitando e antecipando as necessidades do cliente apesar das visões tradicionais de competitividade. Quando este livro estava prestes a ser publicado, a Amazon anunciou, em 24 de setembro de 2019, que estava unindo trinta empresas diferentes na Voice Interoperability Initiative, a Iniciativa de Interoperabilidade de Voz, para garantir que o número máximo de aparelhos possível funcionasse com assistentes digitais de empresas diferentes. A Amazon está se unindo com seus concorrentes para criar um padrão da indústria em software e hardware para assistentes de voz. Notavelmente, Google, Apple e Samsung, até o momento, estão de fora da iniciativa.

"Por mais que as pessoas gostem de uma manchete dizendo que um único assistente de voz dominará todos eles, nós não concordamos", diz o vice-presidente sênior da Amazon para dispositivos e serviços, Dave Limp, na revista *The Verge*. "Isto não é um evento esportivo. Não vai haver um vencedor."

"A iniciativa se construiu ao redor de uma crença compartilhada de que serviços de voz deveriam funcionar perfeitamente um junto do outro em um único aparelho, e que produtos ativados por voz deveriam ser desenhados para suportar múltiplas *wake words*,* simultâneas." A Amazon relatou em seu comunicado para a imprensa. "Mais de trinta empresas estão apoiando essa empreitada, incluindo marcas globais, como Amazon, Baidu, BMW, Bose, Cerence, ecobee, Harman, Logitech, Microsoft, Salesforce, Sonos, Sound United, Sony Audio Group, Spotify e Tencent; operadoras de telecomunicação como Free, Orange, SFR e Verizon; provedoras de soluções para hardware, como Amlogic, InnoMedia, Intel, MediaTek, NXP Semiconductors, Qualcomm Technologies, Inc., SGW Global e Tonly; e integradores de sistemas, como CommScope, DiscVision, Libre, Linkplay, MyBox, Sagemcom, StreamUnlimited e Sugr."

"Múltiplas *wake words* ao mesmo tempo fornecem a melhor opção para clientes", disse Jeff Bezos, fundador e CEO da Amazon. "Palavra por palavra, clientes podem escolher qual serviço de voz melhor vai rodar uma interação em particular. É empolgante ver essas empresas se unindo na busca dessa visão."

Essa é outra maneira pela qual, ao longo de vinte e cinco anos de evolução contínua, a Amazon não apenas cresceu em tamanho de forma dramática, mas também evoluiu de modelos e serviços simples para ofertas muito mais dinâmicas e abrangentes. Ela se transformou de uma livraria on-line voltada ao

---

* Wake words são "palavras ativadoras" de sistemas de inteligência artificial. No caso da Alexa, da Amazon, sua *wake word* é "Alexa". Uma vez enunciada, o aparelho liga e passa a funcionar. [N.T.]

consumidor para uma plataforma voltada para o consumidor, tanto on-line quanto off-line, tanto para primeiras quanto para terceiras partes, para quase tudo necessário na vida das pessoas – nós ainda não vimos a Amazon lançar um aplicativo de encontros (mas nunca se sabe o que vem a seguir!) –, e para uma provedora de infraestrutura facilitadora voltada para empresas, para serviços logísticos e agora técnicos, e, definitivamente, há mais por vir. O céu da Amazon é sem limite ao longo de sua trajetória multidimensional de crescimento – agora, e ainda mais no futuro.

Agora você vê que a Amazon de fato, e de forma bem-sucedida, concebeu e construiu um modelo de negócios continuamente em expansão, criou em conceitos novos de plataforma, ecossistema e infraestrutura na era digital.

QUAL É A LÓGICA POR TRÁS DISSO?

Chegando a 2019, a Amazon se tornou um gigante digital além dos sonhos mais mirabolantes da maior parte das pessoas. Em uma entrevista recente com a CNBC, Charlie Munger, o braço direito de Warren Buffet e parceiro de décadas, descreveu a Amazon como "um fenômeno da natureza".

A ideia central da Amazon é imaginar uma nova experiência do cliente, que poderia se tornar uma fatia de mercado muito grande e uma enorme oportunidade econômica, e imaginar uma nova maneira de prover e personalizar essa experiência de ponta-a-ponta por meio do uso de uma plataforma digital e da construção de infraestrutura digital que processa dados por meio de algoritmos e orquestra a distribuição física com parceiros dentro do ecossistema.

OBSESSÃO PELO CLIENTE

Bezos raramente terminou um discurso ou entrevista sobre a Amazon sem falar da posição central da obsessão pelo cliente. O primeiro princípio que declarou em sua abordagem famosa de gestão e tomada de decisões em nove passos, publicada em sua primeira Carta aos Investidores em 1997, dizia: "Vamos continuar a nos focar sem cessar em nossos clientes". Ao longo dos catorze princípios da liderança, a obsessão pelo cliente, de novo, liderou na primeira posição e permaneceu no topo da lista desde então.

Por que Bezos tem sido tão obcecado pelos clientes?

Como observado anteriormente, ele sempre viu clientes como o ativo mais valioso da Amazon. Clientes são a peça central na *flywheel*, no ciclo da Amazon e na plataforma inteira da Amazon. Por que a Amazon consegue expandir de forma tão agressiva e tão bem-sucedida para cada vez mais categorias? Porque ela tem clientes que gostariam de comprar mais. Por que vendedores terceiros seriam atraídos para a plataforma da Amazon? Um dos motivos mais óbvios é que há centenas de milhares de clientes e, ao beneficiar a plataforma da Amazon, eles conseguem aumentar sua escala de forma muito mais rápida.

Apesar de negócios estrondosos e franquia de clientes cada vez maior no mundo todo, Bezos sempre prestou **reverência a seus clientes**.

> *"Nem mesmo aqueles que estão cansados podem parar. Lembro nossos empregados com frequência de que tenham medo, de que acordem apavorados todos os dias. Não de nossa concorrência, mas de nossos clientes. Nossos clientes fizeram nosso negócio ser o que é, e são com eles que temos um relacionamento, e são por eles que temos uma imensa obrigação. E nós imaginamos que eles são leais a nós – até o momento em que alguém oferecer um serviço melhor a eles."*[10]

A confiança dos clientes é um privilégio conquistado, não um benefício de longo prazo com o qual podemos contar como certo. A confiança demora anos para se construir, segundos para quebrar e uma eternidade para consertar. É provavelmente por isso que Bezos enfatizou: "Nosso objetivo de precificação é conquistar a confiança do cliente, não otimizar dólares de lucro de curto prazo".[11]

Como uma das empresas mais obcecadas pelo cliente do planeta, a Amazon derrotou a Google e a Apple na lista das 500 marcas mais influentes, lançada pela World Brand Lab, em 2018.

INVENTE PARA O CLIENTE

Como Bezos disse uma vez: "Uma coisa que amo a respeito de clientes é que eles estão divinamente insatisfeitos. Suas expectativas nunca são estáticas – elas aumentam. É a natureza humana".[12]

Como nós podemos não apenas satisfazer, mas ficar à frente das expectativas cada vez maiores dos clientes? A única maneira é por meio de inovações contínuas e invenções implacáveis. Dessa forma, os clientes divinamente insatisfeitos se tornaram as fontes de inspiração contínua para a máquina de invenção da Amazon.

Muitas empresas tradicionais também prestam muita atenção em inovação e melhoria, mas elas em geral fazem isso por conta da pressão competitiva ou de performance. Elas podem buscar iterações marginais pelos cantos, tentando melhorar aqui ou ali, em especial nas embalagens, mas raramente fazem exames sistemáticos à procura de ideias completamente novas.

O que a Amazon aspira é muito além de melhorias menores. Na Amazon, a motivação implacável para inventar formas dramáticas de deleitar clientes nunca para. Eles se concentram nas necessidades muito grandes, potencialmente globais, dos clientes ao visualizar a inevitabilidade máxima das necessidades deles, coisas que não vão mudar nos próximos dez anos (preço, opções e conveniência).

Ao contrário de empresas tradicionais que primariamente usam a tecnologia para reduzir custos, a Amazon se concentra em usar tecnologia para transformar por completo a experiência atual do consumidor existente e imaginar uma experiência que não existe hoje, inventando em nome dos clientes, como é o caso da Amazon Go.

Considere o Kindle como outro exemplo. Nunca foi o objetivo ser maior que o livro. Ele tinha sido desenhado para ter novas possibilidades incompatíveis com o livro tradicional, como ter milhões de títulos à disposição e estar com eles em até sessenta segundos, conseguir sublinhar passagens e criar anotações e salvar tudo na nuvem.

No espírito da motivação implacável para inventar, a Amazon criou sozinha mercados totalmente novos com imenso potencial global, como é o caso de serviços na nuvem (AWS) e alto-falantes inteligentes (Echo). Como Bezos observou:

> *"Ninguém pediu pelo AWS. Ninguém. Na verdade, o mundo estava de fato pronto e faminto por uma oferta como AWS, mas não sabia disso. Nós tivemos uma suspeita, seguimos a curiosidade, assumimos os riscos financeiros necessários e começamos a construir – retrabalhando, experimentando e repetindo inúmeras vezes à medida que prosseguíamos".*[13]

PENSAMENTO DE LONGO PRAZO

"É tudo uma questão de longo prazo", observou Bezos em sua primeira Carta aos Investidores, acrescentando: "uma medida fundamental de nosso sucesso será o valor que criarmos para o acionista no longo prazo". Ele prosseguiu dizendo que a Amazon "continuará tomando decisões de investimentos tendo em vista considerações para a liderança de mercado no longo prazo em vez de considerações de lucratividade de curto prazo ou reações de curto prazo de Wall Street".

Por que o pensamento de longo prazo é tão importante para a Amazon? O segredo fica na própria natureza de seu modelo de negócios. A Amazon tem tudo a ver com plataforma e infraestrutura. Então ela é, em essência, um negócio em escala caracterizado por altos custos fixos e custos variáveis relativamente baixos.

Criar uma plataforma e uma infraestrutura demora muitos anos e requer investimentos maciços de bilhões ou dúzias de bilhões de dólares, se não mais. Numa perspectiva de curto prazo, seja trimestral, anual ou num recorte de dois a três anos, investimentos assim nunca poderão gerar retorno suficiente para cobrir os investimentos iniciais, isso sem mencionar gerar retorno. Apenas aqueles que conseguem pensar sete ou dez anos à frente são capazes de reconhecer por completo a beleza inata do negócio de plataforma e infraestrutura: a *flywheel*, o ciclo do mecanismo autorreforçador e crescimento exponencial inclinado rumo ao longo prazo, e, assim, esses poucos têm a ousadia poderosa de fazer investimentos maciços pensando no longo prazo.

Então como criar retorno em um investimento tão imenso? Escala e velocidade realmente importam aqui. As Cartas para Investidores de Bezos até o momento da escrita deste livro constantemente reforçam essa filosofia.

Em primeiro lugar, escala. Aumentar a escala "espalha custos fixos por mais escalas, reduzindo o custo unitário, o que faz com que mais reduções de preço sejam possíveis".[14] Uma vez que a escala passa um determinado limite, o que Bezos chama de "ponto de virada", "permite que nós lancemos novos negócios no e-commerce mais rapidamente, com experiência do consumidor de maior qualidade, um custo incremental menor, chance de sucesso mais alta e um caminho mais rápido para escala e lucratividade do que qualquer outra empresa".[15]

É por isso que em 1997, em sua Carta aos Investidores, Bezos declarou: "Vamos equilibrar nosso foco em crescimento com ênfase em lucratividade de longo prazo e gestão de capital. Neste estágio, escolhemos priorizar crescimento porque acreditamos que a escala é central para alcançar o potencial de nosso modelo de negócios".

Em segundo, velocidade. Plataforma e infraestrutura consistem em um jogo de tecnologia. Investimentos anteriores e movimentos mais rápidos cativam logo de início uma base maior de consumidores e acumulam dados históricos mais cedo, o que se traduz em vantagens iniciais – vantagens de primeiro movimento, *first-mover advantage* – em análise de dados, melhorias no algoritmo e soluções movidas por inteligência artificial. Em resumo, todos esses elementos combinados criam as **competências digitais centrais** da Amazon.

Os dados são a nova equidade na era digital. A partir dos dados e análise comportamental dos clientes, novas necessidades podem ser identificadas e melhores serviços e experiências podem ser criados, e, assim, mais fontes de renda podem ser geradas, o que expande mais ainda a escala, diminui o custo e aumenta o retorno. Na realidade, cada plataforma deve ter múltiplas fontes de renda, do contrário nunca ganhará muito dinheiro.

Por causa de sua competência digital central, a Amazon pode continuamente melhorar sua eficiência operacional enquanto diminui a estrutura de custos, tornando-se ainda mais competitiva ao servir milhões de clientes. Iterações tão rápidas de melhorias contínuas criam barreiras íngremes e cada vez maiores para a concorrência atrasada.

É por isso que Bezos constantemente lembra seu time da importância da velocidade, por exemplo, enfatizando "maior velocidade de capital" na Carta para Investidores de 1997. Conforme o custo incremental de atender mais clientes converge para quase zero, não espanta que a Amazon consiga desafiar totalmente a lei de recursos decrescentes[16] e demonstrar a nova lei de retornos crescentes e custos incrementais decrescentes.

GANHOS *VS.* GERAR DINHEIRO

Muitas pessoas se surpreendem com a Amazon, que por muito tempo esteve à beira do equilíbrio, mas se beneficiou de um incrível salto para a frente em termos de valorização de mercado.

Aqueles que imaginam que a Amazon não gera lucro ou gera pouco estão sem dúvida alguma equivocados, pois a métrica mais relevante na era digital é o caixa operante por ação (*Cash EPS*), não o lucro por ação (*earning per share*, em português, LPA). Ao contrário do investimento em ativo fixo das empresas tradicionais que pode ser categorizado como capital investido (*CapEX, capital expenditure*) e, portanto, ser depreciado em um recorte temporal de anos, muitos dos investimentos em ferramentas, sistemas e plataformas digitais podem ser definidos apenas como despesas operacionais (*OpEx, operational expenditure*), e assim são listados como gastos do ano corrente, diminuindo desse modo os lucros líquidos. Investimentos assim são essenciais para obter o crescimento de 25% ao ano.

O histórico da Amazon contesta esse mal-entendido e remove qualquer vestígio de desilusão de que essas gigantes digitais vão colapsar porque não estão ganhando dinheiro em termos de rendimento líquido. Quando elas alcançam a escala apropriada, essas empresas são máquinas massivas de dinheiro, gerando enorme riqueza.

Por que esse foco em fluxo de caixa, em especial o de gerar margem bruta? Como um veterano de Wall Street, Bezos entende perfeitamente que "uma ação é uma parcela do fluxo de caixa futuro de uma empresa e, como resultado, fluxos de caixa, mais do que qualquer outra variável, parecem ser o melhor jeito de explicar o preço das ações de uma empresa no longo prazo".[17]

Bezos seguiu o que dizia. E, de fato, o mercado de capitais o premiou de uma forma generosa e justa.

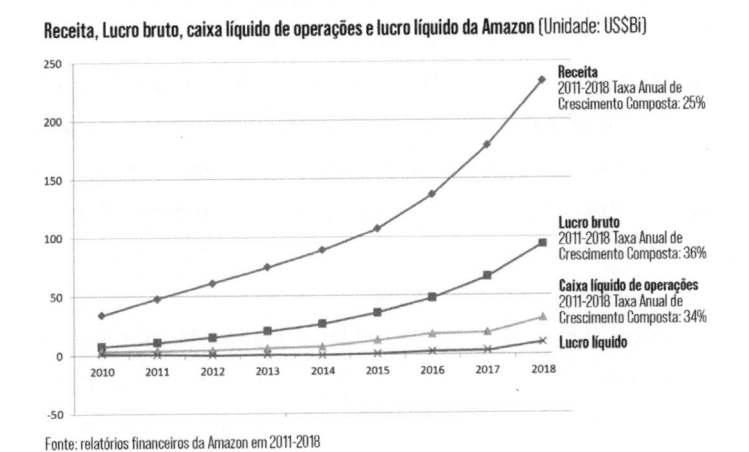

Receita, Lucro bruto, caixa líquido de operações e lucro líquido da Amazon (Unidade: US$Bi)

	Receita 2011-2018 Taxa Anual de Crescimento Composta: 25%
	Lucro bruto 2011-2018 Taxa Anual de Crescimento Composta: 36%
	Caixa líquido de operações 2011-2018 Taxa Anual de Crescimento Composta: 34%
	Lucro líquido

Fonte: relatórios financeiros da Amazon em 2011-2018

Vamos fazer as contas juntos. Em 2018, a Amazon gerou US$ 232,9 bilhões de receita. Com uma margem bruta de 40,25%, isso se traduz em US$ 93,7 bilhões de margem bruta de caixa gerado em um único ano. Do ponto de vista de fluxo de caixa operante, a Amazon gerou US$ 30,7 bilhões em caixa líquido de operações em 2018.

No entanto, em vez de deixar essa quantidade enorme como lucro em sua demonstração financeira, a Amazon consistente e massivamente tem investido margens brutas em tecnologia (US$ 28,8 bilhões em gastos com pesquisa e desenvolvimento), plataforma e infraestrutura (US$ 13,4 bilhões em despesas de capital) para financiar suas escalas que crescem de maneira exponencial.[18]

Ao longo de um período de sete anos, de 2011 a 2017, a Amazon investiu mais de US$ 150 bilhões ao redor do mundo em redes de realização, capacidades de transporte e infraestrutura de tecnologia, incluindo centros de dados AWS.[19]

Por quê? A partir de nossas análises anteriores, você vai saber que isso é feito de forma deliberada no espírito de escala e velocidade, por exemplo, para mover crescimento contínuo no número e dados de clientes, melhoria na experiência ponta-a-ponta do consumidor e para **sustentar as barreiras de alta escala e reforçar as vantagens competitivas incomparáveis** na plataforma, na infraestrutura (por exemplo, a *last mile delivery***) e na competência digital central.

Visto nessa perspectiva, pode-se claramente notar a consistente lógica por trás disso que atravessa a jornada de vinte e cinco anos da Amazon – que é incrível, mesmo que pareça confusa e marcada por análise e expansão contínuas. Na realidade, não importa o que a Amazon tenha feito, faz ou venha a fazer, ela sempre derivou e sempre vai derivar de seus princípios centrais: obsessão pelo cliente, motivação implacável para inventar, pensamento de longo prazo e priorização de criação de caixa. A

***Last mile delivery* significa "entrega de última milha" e é uma expressão que se refere à etapa final de entrega. [N.T.]

consistência surpreendente da Amazon com esses princípios desde o Dia 1 posicionou a empresa para criar uma variedade histórica de negócios em uma escala global. Poucas pessoas reconhecem essa conexão estreita subjacente entre todos os pontos como parte de um modelo dinâmico holístico e autorreforçador capaz de capitalizar os novos conceitos de plataforma, ecossistema e infraestrutura na era digital, fortalecer de forma contínua as competências digitais centrais, desafiar drasticamente leis tradicionais de recursos decrescentes, e entregar de modo confiável uma imensa geração de caixa e criação de valor para o investidor.

COMO FAZER FUNCIONAR?

Conceber um modelo de negócios é uma coisa; fazê-lo funcionar, implementá-lo, evoluí-lo e atualizá-lo de forma contínua, é outra. Inúmeros planos de negócios intrigantes, desenhos técnicos impressionantes e ideias brilhantes e revolucionárias ou nunca chegam ao mundo real ou fracassam na entrega. Por que o time de líderes da Amazon consegue fazer isso?

Muitos líderes e empreendedores são muito fortes e devotados ao negócio, mas não têm nem a vontade, nem a habilidade em gestão organizacional. Uma vez que o negócio expande além das capacidades pessoais e organizacionais, o momento de crescimento fica mais lento e, em alguns casos, as empresas podem até mesmo colapsar.

Bezos é o oposto. Como fundador e CEO da Amazon, ele tem a combinação rara de um líder visionário e um construtor pé no chão obcecado pela empresa e por como ela deveria ser gerida. Ele é o mentor por trás do sistema de gestão digital da Amazon e também o marechal de campo que vai liderar com pulso firme e pessoalmente a execução.

Por que tanto esforço pessoal? Porque Bezos sabe muito bem que um modelo de negócios sem o sistema de gerência certo não vai para a frente.

* * * * * * * *

Para realizar seu sonho, Bezos precisa construir uma máquina de invenções constante, um mecanismo consistente e eficaz de tomada de decisões de alta qualidade e em alta velocidade e um sistema de métricas movido por dados gerados por inteligência artificial para rastrear, medir e analisar dados em tempo real e automatizar decisões rotineiras para chegar à maior velocidade e qualidade possíveis, enquanto ao mesmo tempo monta guarda de forma vigilante contra a burocracia e a complacência. Do contrário, sua empresa vai deslizar no barranco traiçoeiro chamado de "Dia 2", e, então, enterrará suas aspirações de uma organização eternamente no Dia 1.

Esse é um empreendimento além da capacidade de qualquer pessoa sozinha. É necessária a força combinada de um time ou de um exército de pessoas certas para criar um "fenômeno da natureza".

Então quem são as pessoas certas para os padrões da Amazon e como encontrá-las, motivá-las e retê-las? No capítulo a seguir, vamos explorar como a Amazon constrói o seu **aumento contínuo do nível de exigência do talento**.

REFLEXÕES E IDEIAS A CONSIDERAR PARA SUA EMPRESA

DESTAQUES DO CAPÍTULO
FUNDAMENTO 2

O conjunto de talentos da Amazon é definido com cuidado, documentado com meticulosidade e escolhido com rigor. Isso é aliado a um acompanhamento e feedback completos do começo ao fim para garantir um **nível de exigência continuamente mais alto** tanto para o conjunto de talentos em si quanto para o mecanismo autorreforçador de aquisição e retenção de talento.

DEFINA O TALENTO CERTO

Os construtores
Os proprietários

A RESISTÊNCIA MENTAL

RECRUTE O TALENTO CERTO

OS QUE ELEVAM O PATAMAR

O processo rigoroso
O mecanismo de autosseleção

MOTIVE E RETENHA O TALENTO CERTO

Terra dos sonhos para os construtores
Paraíso para os ambiciosos
Os altos padrões

LUTE PELOS MELHORES TALENTOS

FUNDAMENTO 2: AUMENTO CONTÍNUO DO NÍVEL DE EXIGÊNCIA DO TALENTO

A história nos conta que a maioria das pessoas que tiveram fascinantes ideias novas fracassou. Por quê? Porque, frequentemente, elas permanecem sonhadoras e se afastam da sólida aderência à execução, requerida para converter seus sonhos em realidade, como é o caso dos construtores.

Bezos está entre os raros visionários, porque, além de ter uma visão absoluta do que vai acontecer, é também um construtor e um homem de palavra. Seu comprometimento implacável para a excelente execução permite que ele atravesse todos os fatores superficiais e chegue direto ao único fator mais importante para o sucesso: **as pessoas certas**.

É por isso que lá em 1994, antes de informar seus colegas na D. E. Shaw and Co. de sua decisão de deixar seu emprego em Wall Street para abrir sua própria empresa, Bezos fez uma viagem especial de Nova York à Califórnia para conduzir sua primeira rodada de entrevistas com experientes programadores. Ele atraiu Shel Kaphan, um veterano de startups e um gênio técnico, para ser o primeiro funcionário da Amazon. Desde então, consistentemente, foi alimentando o gasoduto de talentos com indivíduos que proveram valor imensurável para a empresa.

Também é por esse motivo que se você perguntar a Bezos qual é a decisão mais importante na Amazon, a resposta será e sempre tem sido desde o começo: contratar o talento certo.

Muitas pessoas na Amazon se lembrarão de Bezos dizendo isso a elas de forma repetida. Na realidade, Bezos chegou até mesmo a dizer que "é melhor deixar a pessoa perfeita ir embora do que contratar a pessoa errada e lidar com as ramificações".[20]

Por quê? Porque Bezos acredita que suas pessoas são suas empresas.

A pessoa errada não apenas fracassará em entregar seus deveres nos padrões requeridos, mas também gerará impactos negativos nos outros ao seu redor. Ao passo que manter a pessoa errada claramente fere o desempenho e a disposição do time, corrigir um erro de contratação pode ser ainda mais custoso, consumir tempo e sugar emocionalmente. Um dilema assim, por si só, é um exercício excruciante familiar a muitos líderes.

Bezos não está sozinho nisso.

Nós (Ram e Julia) concordamos com muita veemência com essa crença. Como Ram fala com frequência, **nada supera a pessoa errada.** Se você tem a pessoa errada no trabalho, não importa o quanto de coaching, mentoria, treinamento ou desenvolvimento você ofereça a ela, o retorno na enorme quantidade de tempo, dinheiro e esforço será provavelmente mínimo – se não negativo.

Tony Hsieh, CEO da Zappos, também compartilha dessa visão. Ele até quantificou o custo de erros de contratação a uma etiqueta de preço atordoante: US$ 100 milhões; e é provavelmente o motivo pelo qual ele inventou uma política surpreendentemente heterodoxa, mas eficaz, em que a Zappos paga a recém-contratados US$ 2 mil para que se demitam.

Bezos, um aprendiz ansioso, viu um valor imenso nessa abordagem genial e implantou o programa *Pay To Quit* (pagar para se demitir), nos centros de realização da Amazon. Em sua Carta aos Acionistas de 2013, ele explicou como funciona.

> *"Foi inventado pelo pessoal inteligente na Zappos, e os centros de realização da Amazon têm repetido o processo. Pay to Quit é bastante simples. Uma vez por ano, nós nos dispomos a pagar nossos funcionários para que se demitam. No primeiro ano em que a oferta é feita, era de US$ 2 mil. Então ela aumenta mil dólares a cada ano até chegar a US$ 5 mil. O título na oferta é: 'Por favor, não aceite a oferta'. Nós esperamos que não aceitem a oferta; nós queremos que fiquem. Por que fazemos essa oferta? O objetivo é encorajar pessoas a tirar um momento e pensar a respeito do que elas realmente querem. No longo prazo, um empregado ficando onde ele não quer estar não é saudável para o empregado ou a empresa."*

Bezos entende profundamente a importância de talento. Desde 1997, o último, mas não menos importante, ponto dentro da famosa abordagem de nove pontos para gestão e tomada de decisão declarado em sua primeira Carta aos Investidores fala de talento:

> *"Nós vamos continuar a nos concentrar em contratar e reter funcionários versáteis e talentosos, e continuaremos a pesar suas compensações para opções de ações em vez de dinheiro. Sabemos que nosso sucesso será altamente afetado por nosso poder de atrair e reter uma base de funcionários motivados, cada um dos quais deverá pensar como e, portanto, de fato ser um dono."*

Então o que a Amazon fez para garantir que apenas atraiam e retenham o talento certo? Para começo de conversa, o que é "certo" nos padrões da Amazon?

DEFINA O TALENTO CERTO

Dependendo do contexto, da empresa e da situação específica, a definição de "talento certo" pode variar amplamente. Apesar de todas essas diferenças essenciais, para de fato competir em talento de uma forma fundamental, a definição de talento certo deve ser feita de maneira clara, específica e consistente para que a organização inteira consiga seguir os mesmos critérios e lutar contra os desvios inevitáveis ao longo do caminho.

Nesse cenário, Bezos tem sido claro e consistente desde o começo. Ele procura por construtores que possam fazer as coisas acontecer, que consigam pensar e se comportar como donos – o tipo de pessoa que transmite uma sensação de "propriedade verdadeira".

OS CONSTRUTORES

Em múltiplas ocasiões ao longo dos anos, Bezos descreveu o perfil dos "construtores". A versão mais recente está em sua Carta aos Investidores de 2018:

> *"Construtores são pessoas que são* **curiosas, exploradoras***.* **Elas gostam de inventar.** *Até mesmo quando são especialistas, elas estão 'frescas', com um olhar de iniciante. Elas veem a maneira que fazemos as coisas como simplesmente a maneira como estamos fazendo as coisas neste*

momento. *A mentalidade de um construtor nos ajuda a abordar oportunidades grandes e difíceis de resolver com uma convicção humilde de que o* **sucesso pode vir pela repetição**: *inventar, lançar, reinventar, começar de novo, mais uma vez, repetir, de novo e de novo. Eles sabem que o caminho para o sucesso é qualquer coisa, menos reto" (grifo nosso).*

Em uma entrevista com Charlie Rose em 2012, Bezos disse que se considera um construtor e declarou com orgulho e alegria que há "muitos construtores na Amazon".

Como um homem que escolhe suas palavras com cuidado, Bezos está compartilhando uma mensagem poderosa aqui. Leia a sua definição com cuidado, ao menos duas vezes, e então tire um minuto para imaginar o que muitos construtores fariam e conseguiriam atingir juntos.

Nesses construtores está o motor poderoso, o espírito resiliente e a determinação inabalável do modelo de negócios obcecado pelo cliente da Amazon, da contínua máquina de invenções inovadoras, das decisões de alta qualidade e em alta velocidade e vitalidade do eterno Dia 1.

OS PROPRIETÁRIOS

Entre os catorze princípios da liderança da Amazon, logo depois do princípio número 1, obsessão pelo cliente, vem propriedade. Líderes são proprietários. Eles **pensam no longo prazo** e não sacrificam valor de longo prazo por resultado de curto prazo. Eles agem em nome da empresa inteira, além de seu próprio time. Eles nunca dizem: **"Este não é meu trabalho"**.[21]

Quão importante é a propriedade verdadeira para a Amazon e para Bezos? Esse valor é incorporado nas duas citações de suas Cartas aos Investidores: "Tudo é o longo prazo", em 1997, e "Pensamento de longo prazo é, ao mesmo tempo, um requisito e um resultado de propriedade verdadeira", em 2003.[22]

Infelizmente, alguns executivos em empresas tradicionais se portam como locatários: eles fracassam em agir em nome da empresa inteira ou em nome de seu próprio time e, em vez disso, perseguem seus próprios interesses pessoais. Para eles, não é apenas pouco racional, mas também completamente insano realizar o seguinte:

- **Contratar e desenvolver os melhores.** Eles provavelmente se perguntam: e se essas pessoas ficarem melhor do que eles próprios e se tornarem mais uma ameaça do que uma vantagem para eles?
- **Frugalidade.** Por que se incomodar em controlar despesas? Não é o dinheiro deles. Além disso, mesmo se eles não gastarem todo o dinheiro, alguma outra pessoa vai.
- **Mergulho profundo.** Por que usar tanto tempo e energia pessoal para se conectar aos detalhes? Se alguma coisa der errado, é problema de outra pessoa.
- **Ter firmeza, discordar e se comprometer.** Por que buscar o incômodo de desafiar os outros, até mesmo o chefe? É desconfortável e exaustivo e, acima de tudo, danoso para relacionamentos pessoais e avanços na carreira.
- **Entregar resultados.** Por que eles sempre têm que se destacar nos momentos difíceis e nunca se acomodar, apesar de todas as dificuldades? Isso não é o trabalho do chefe? Por que chefes têm salários maiores e mais benefícios? É exatamente

nesse momento que eles deveriam botar o pescoço na guilhotina.

Na lógica de locatários, esses comportamentos são de fato malucos. Esses comportamentos observáveis são o teste de propriedade verdadeira. É isso que a Amazon declarou nos princípios da liderança, números 6 (contrate e desenvolva os melhores), 10 (frugalidade), 12 (mergulho profundo), 13 (tenha firmeza; discuta e se comprometa) e 14 (entregue resultados), respectivamente.

Sem um senso verdadeiro de propriedade, nenhum desses comportamentos mencionados aconteceria. Agora, você provavelmente entendeu o porquê de Bezos elaborar repetidamente o conceito de "proprietários" em todos os tipos de falas, em especial durante as reuniões coletivas na Amazon.

A RESISTÊNCIA MENTAL

Enquanto certas qualidades requeridas podem não estar explicitamente listadas como pré-requisitos para um emprego, é claro que para se tornar um construtor com propriedade verdadeira nos padrões de Bezos e para sobreviver e prosperar na Amazon, você deve ter uma quantidade enorme de resistência mental.

Sem resistência mental, por que alguém escolheria um problema (ou, nos termos de Bezos, "oportunidade") difícil de resolver quando há uma saída fácil? Como eles poderiam encarar o fracasso, numerosas vezes, e ainda escolher "reinventar, relançar, começar de novo, mais uma vez, repetir, de novo e de novo"?

Sem resistência mental, como eles poderiam sobreviver ao processo desconfortável e às vezes exaustivo de serem questionados ou desafiados? Como eles poderiam, apesar de todos os reveses, ainda se destacar nos momentos difíceis e nunca se acomodar?

Como o ex-executivo da Amazon, John Rossman, define:[23]

"Se você quer ser bem-sucedido no mundo impiedoso e ferozmente competitivo de Jeff, você não pode:

- Sentir pena de si mesmo.
- Ceder o seu poder.
- Encolher-se perante as mudanças.
- Desperdiçar energia nas coisas que não pode controlar.
- Preocupar-se em agradar aos outros.
- Ter medo de assumir riscos calculados.
- Remoer o passado.
- Cometer os mesmos erros de novo e de novo.
- Ter ressentimento do sucesso alheio.
- Desistir depois de falhar.
- Sentir que o mundo deve algo a você.
- Esperar resultados imediatos.

Os mais bem-sucedidos são aqueles que conseguem se sobressair na panela de pressão, semana após semana, de vez em quando deixando para lá o fracasso e as subsequentes ralhadas agressivas, baixando a cabeça e voltando ao trabalho."

Bezos persistentemente demonstrou tremenda resistência mental. Mas nem todo mundo que vale a pena empregar consegue chegar a esse padrão. Os exemplos são infinitos, incluindo sua decisão de ir atrás do Prime "quase sozinho",[24] sua decisão de perseguir a ideia maluca de hardware que mais tarde se tornaria o Kindle, apesar da resistência esmagadora que se estendeu por todo o caminho de volta até o começo, quando passou por sessenta reuniões para levantar o primeiro milhão de dólares.

RECRUTE O TALENTO CERTO

Enquanto definir o talento certo é um primeiro passo central, como a Amazon segue adiante recrutando as pessoas sistematicamente?

O artigo da revista *Wired*, de 1999, escrito por Chip Bayer, revelou um olhar precoce sobre a abordagem única e rigorosa de recrutamento de Bezos:

> *"Ele (Bezos) também transformou a contratação de pessoal em um teste Socrático. 'Jeff era muito, muito exigente', diz Nicholas Lovejoy, que se juntou a Amazon.com como seu quinto empregado em junho de 1995. Em infinitas reuniões para contratação, Bezos, depois de entrevistar ele mesmo o candidato, avaliava cada um dos entrevistadores, ocasionalmente criando gráficos elaborados em um quadro branco, detalhando as qualificações de cada um que buscava o emprego. Se ele detectasse um mínimo de dúvida, a rejeição geralmente era subsequente. 'Um de seus lemas era que*

cada vez que contratava alguém, essa pessoa deveria aumentar o nível para a próxima contratação de modo que o conjunto de talento total estivesse sempre melhorando', diz Lovejoy."

Bezos acredita muito na importância de recrutar o talento certo para o sucesso do negócio. **"Ter um patamar alto em nossa abordagem para contratação** tem sido, e continuará sendo, **o elemento mais importante do sucesso da Amazon.com"** (grifo nosso).[25]

Quando a Amazon estava no começo, ainda era possível que Bezos fizesse o recrutamento em pessoa. Agora não. A Amazon é uma organização germinante de 750 mil pessoas, então como reforçar tanto rigor e manter um nível de exigência tão alto – não apenas ao redor do mundo, mas também para cada nova contratação?

OS QUE ELEVAM O PATAMAR

Os que elevam o patamar consistem, de fato, em uma característica única das práticas de recrutamento da Amazon. Sem exceção, haverá um que eleva o patamar entre todos os entrevistadores que o candidato encontrará durante o processo de recrutamento.

Essas pessoas são indivíduos cuidadosamente selecionados, meticulosamente treinados para serem os guardiões dos princípios de liderança da Amazon. A missão deles é garantir que o patamar nunca baixe em virtude das urgências de negócios, tomar as decisões finais e corretas de contratação e buscar o aumento contínuo do patamar. De muitas maneiras, eles agem em nome do time de liderança da Amazon como a linha de defesa final para recrutamento.

Sem dúvida, é uma grande honra ser nomeado alguém que eleva o patamar na Amazon. Para qualificar, os indivíduos devem ser construtores com propriedade verdadeira e devem ter demonstrado um histórico forte em termos de recrutamento bem-sucedido e retenção.

Aqueles que elevam o patamar são geralmente designados para o recrutamento fora de seus próprios negócios a fim de que possam se manter independentes de necessidades urgentes de negócios.

Eles têm três tarefas para seguir. A primeira é avaliar usando os princípios de liderança da Amazon como o critério, se os candidatos têm potencial de longo prazo na Amazon e se eles conseguem elevar o patamar.

A segunda consiste em conduzir os exercícios pós-entrevista com cada entrevistador, como Bezos fazia antes, para que todas as observações, avaliações, considerações e dúvidas possam ser exploradas ao máximo e da forma mais completa para se chegar à decisão correta.

A terceira é ajudar gerentes de contratação e outros entrevistadores a se prepararem para entrevistas, garantir consistência no alto patamar e, o mais importante, prover feedback por escrito.

O PROCESSO RIGOROSO

Dado que recrutar o talento certo é visto como a decisão mais importante na Amazon, a empresa tem feito investimentos imensos em termos de tempo e energia da equipe para alcançar esse objetivo. Na Amazon, além de conduzir a entrevista, cada entrevistador é obrigado a documentar todas as descobertas estratégicas da entrevista, avaliações detalhadas e julgamentos (um voto sobre contratar ou não) no sistema. Os entrevistadores da próxima rodada são obrigados a revisar todas as descobertas anteriores antes de suas próprias entrevistas para que possam ajustar sua linha de perguntas adequadamente.

Depois da entrevista, o trabalho está longe de ser concluído. Os exercícios pós-entrevista com a pessoa que eleva o patamar, ou às vezes com o próprio Bezos, podem ser tão intensos e custar tanto tempo quanto – se não mais – a própria entrevista. Que perguntas foram feitas, e por quê? Que respostas foram dadas? Como a avaliação e o julgamento foram formados? Nem uma pedra ficará intocada. Todos os detalhes serão explorados, examinados e documentados de forma extensiva.

Uma vez que são terminadas as entrevistas, o gerente de contratação e a pessoa que eleva o patamar revisam todas as anotações e votos. Se houver necessidade de um encontro coletivo, todos os entrevistadores são obrigados a comparecer. Apesar de muitas defesas do lado de negócios, sob os argumentos de urgência e/ou necessidade, aquele que eleva o patamar mantém poder de veto para rejeitar um candidato. Como mencionado anteriormente, quem eleva o patamar tem a obrigação de fornecer feedback por escrito a todos.

Depois que a decisão final é tomada, e a nova contratação chega a bordo, os entrevistadores e a pessoa que eleva o patamar ainda não estão liberados. O acompanhamento de novas contratações começa de imediato; quão bem cada contratação nova se sai, quanto tempo cada uma fica na Amazon e quão correto foi o julgamento de cada entrevistador são todos os aspectos rastreados, bem-documentados e comunicados às partes relevantes.

Esse grupo impressionante de práticas que apoiam o rigoroso processo de seleção demonstra que a Amazon de fato investiu esforços enormes em recrutamento. Então qual é o retorno desse investimento em particular? Ele vale a pena?

Para Bezos, a resposta é sim, inequivocamente. De fato, esse é um mecanismo autorreforçador, planejado de maneira deliberada para garantir cumprimento rigoroso de padrões consistentes e elevação de patamares tanto no conjunto de talentos quanto nas capacidades de recrutamento institucional.

Uma comparação em como o recrutamento é normalmente feito na maioria das empresas tradicionais pode ajudar você a colocar a abordagem única, eficaz e metódica da Amazon em perspectiva e apreciar a genialidade por trás dele.

Em grande parte das empresas, pedidos de recrutamento são gerados por diversos departamentos ou empresas, e então uma falta de consistência em determinar o patamar de qualidade em toda a empresa vai se infiltrando desde o começo. Visto que todos conduzem suas próprias entrevistas, alguns pedidos de contratação urgentes são processados com pressa. Preferências pessoais e necessidades imediatas tendem a ditar como é levado o processo de contratação, dando pouca ou nenhuma consideração ao encaixe ou prospectos de longo prazo do candidato dentro da empresa. Assim, o patamar, mesmo que esteja alto no começo, pode ficar comprometido ou ser curvado pela necessidade de curto prazo.

Como resultado, ao contrário da elevação de patamar contínua da Amazon, que acontece de forma intencional e por projeto, os padrões de contratação em grande parte das empresas (se é que elas têm isso) mais cedo ou mais tarde vão se corroer.

Além disso, na maioria das empresas, entrevistas de emprego raramente são documentadas e, quando são, ficam tão pobres ou genéricas que são quase inúteis. As pessoas têm dificuldade em rastrear como as entrevistas foram conduzidas, como os candidatos foram avaliados e como as decisões finais foram feitas.

Uma vez que as novas contratações sobem a bordo, a responsabilidade passa do recrutamento para o treinamento e, então, gestão de performance. Não importa quão ruim sejam as performances das novas contratações, ninguém conseguiria desvendar quem exatamente estava envolvido no processo de contratação, explorar quais fatores haviam se perdido ou estudar como melhorar na próxima vez, mesmo que se incomodassem em tentar.

Já que não há feedback para os recrutadores e entrevistadores, eles também não podem melhorar suas habilidades ou práticas.

O MECANISMO DE AUTOSSELEÇÃO

A Amazon aspira deixar suas contratações livres de frustrações para aqueles que buscam o trabalho, assim como é a experiência de compra para seus clientes. É por isso que a Amazon postou guias úteis nos sites da empresa, compartilhando dicas, incluindo o seguinte:

DICA 1: Princípios de liderança. "A melhor forma de um candidato se preparar para uma entrevista é considerar como ele aplicou os princípios de liderança durante sua experiência profissional prévia."

DICA 2: Falhas. "Nós encorajamos que todos os candidatos tenham exemplos específicos de momentos em que assumiram riscos, falharam ou erraram, e cresceram e foram bem-sucedidos como resultado." Por que tanta ênfase no fracasso? Porque o fracasso é uma parte integral da inovação e invenção.

DICA 3: Escrita. "Para algumas funções, podemos pedir a um candidato que complete uma amostra de escrita." Por quê? Porque o PowerPoint foi banido faz muito tempo da Amazon, e eles usam memorandos em formato narrativo.

Enquanto dicas assim são prestativas e úteis aos candidatos, elas também são cuidadosamente desenhadas para beneficiar a Amazon: a beleza sutil é que elas foram pensadas para filtrar desde o começo aqueles que não se encaixam. Essas pessoas que estudaram os princípios de liderança da Amazon desde o início, pensaram a respeito de erros do passado e prepararam amostras escritas inevitavelmente acabarão avaliando suas próprias personalidades, preferências e competências durante o processo e avaliarão seriamente se elas combinam bem com a Amazon. Em resumo, a transparência da Amazon a respeito de seu critério para talento transformou o recrutamento em um exercício de "autosseleção".

Além de criar um processo para maximizar o "encaixe", a Amazon também desenhou seu esquema de compensação na mesma linha de raciocínio. O objetivo é buscar os construtores reais com propriedade genuína e pensamento de longo prazo.

A Amazon é notoriamente famosa por sua frugalidade. Os mimos generosos oferecidos por outras gigantes digitais, como Google e Facebook, aparentemente estão fora de questão na Amazon. Os seus funcionários têm até mesmo que pagar parte de sua vaga de estacionamento no trabalho.

No lugar de altos salários, a compensação tem se inclinado rumo a ações em vez de dinheiro – o que Bezos apontou em sua Carta aos Investidores inicial em 1997. Os salários de Jeff Wilke, CEO da Worldwide Consumer, e de Andy Jassy, CEO da AWS, eram de apenas US$ 175 mil. Além disso, a Amazon deliberadamente evita conceder bônus, já que Bezos acredita que não é bom para a colaboração interna. Bônus executivos foram encerrados em 2010.[26]

Na Amazon, a maioria das compensações é, em vez disso, baseada em ações. O período de aquisições também é fortemente inclinado pensado no longo prazo: 5% no primeiro ano, 15% no segundo e 20% pelos próximos quatro períodos de meio ano. Isso é muito diferente do cronograma tradicional de 25% a cada ano durante o período de quatro anos na maioria das empresas de alta tecnologia.

Para qualquer um que leve sua carreira a sério e, portanto, gaste algum tempo aprendendo sobre a Amazon, inclusive no tipo de pessoa que a empresa busca e que tipo de pacote compensatório a empresa oferece, a conclusão é clara: a Amazon é provavelmente o último lugar para onde querem ir aqueles que procuram dinheiro em curto prazo, benefícios generosos, ou até luxuosos, e trabalho confortável com baixo nível de desafios diários.

Bingo! Essa é exatamente a conclusão que a Amazon gostaria que os candidatos ao emprego tirassem por si mesmos, porque eles são as pessoas erradas para as definições da Amazon. Isso é o que Bezos quer dizer com "autosseleção".

MOTIVE E RETENHA O TALENTO CERTO

Dado que o patamar da Amazon é muito alto e aumenta continuamente, e a compensação em dinheiro no curto prazo não é tão lucrativa, como a Amazon pode motivar e reter os construtores reais com propriedade genuína e resistência mental no longo prazo?

A resposta está em dois aspectos: o que eles amam e o que eles odeiam.

TERRA DOS SONHOS PARA OS CONSTRUTORES

O que construtores mais odeiam? Burocracia. É lenta, sufocante e, em muitos casos, ela os impede de fazer as coisas acontecer do jeito que gostam.

Para Bezos, a repugnância por burocracia é pessoal. Ela faz todo o caminho de volta até sua infância. O avô de Bezos, Lawrence Preston "Pop" Gise, um construtor real, tinha uma visão fortemente parecida. Durante a Segunda Guerra Mundial, Gise era um comandante-tenente na Marinha dos Estados Unidos, e então trabalhou na DARPA no final da década de 1950. No auge de sua carreira, gerenciou um grupo de 26 mil pessoas na Comissão de Energia Atômica.

"Em 1968, aos 53 anos, Pop Gise se demitiu da Comissão de Energia Atômica dos Estados Unidos, por causa de uma disputa burocrática com seus chefes em Washington."[27] Não é difícil imaginar, mesmo hoje, a raiva fervente que o deixou se demitir no ato.

Gise era uma figura imponente na vida de Bezos. Ele foi provavelmente o seu primeiro e mais importante mentor. "Ele instilou em Bezos os valores de autoconfiança e desenvoltura, assim como um desgosto visceral pela falta de eficiência."[28]

Uma organização burocrática está cheia de complacência. Tudo parece se mover em câmera lenta, da tomada de decisões até a execução de ideias. Tudo se torna embaçado, em especial em relação aos resultados, desempenho, prestação de contas e itens de ação. Tudo precisa seguir um Procedimento Operacional Padrão (POP) com pouco, ou nenhum, espaço para desviar ou inovar, ou passar por um longo processo e uma extensa cadeia de aprovação. Uma atmosfera assim é o anátema para construtores, que amam inventar e tentar formas não convencionais. Eles têm pouca paciência e querem se meter e fazer as coisas acontecerem.

Acima de tudo, construtores amam desafios. Os problemas que parecem ser difíceis de resolver ou até mesmo impossíveis para muitas pessoas representam algo inteiramente diferente para os construtores reais. Eles veem esses problemas como oportunidades empolgantes, o mais emocionante e a parte mais divertida do trabalho.

Quando abordado pela Amazon em 1999, Jeff Wilke era um vice-presidente em Allied Signal, dirigindo-se diretamente ao lendário CEO Larry Bossidy (que foi coautor, com Ram, do *best-seller* global *Execução*). O que empolgou Wilke a respeito de se juntar à Amazon era "a chance de construir um sistema único de distribuição e definir uma indústria nascente, uma oportunidade que simplesmente não existia na Allied Signal".[29] O que é único? Algo que, na época, era inexistente. Esse desafio intimidador poderia assustar muitas pessoas, mas é precisamente o que atrai construtores reais.

Quando Steve Kessel foi chamado abruptamente por Bezos em 2004, convidado a assumir os incipientes esforços digitais da empresa e criar coisas novíssimas, o que mais tarde se tornaria o Kindle, ele imediatamente "se empolgou com o desafio".[30] Ao contrário de hoje, na época a Amazon não tinha experiência alguma com dispositivos.

Andy Jassy compartilhou suas ideias a respeito disso em 2013:

> *"Não consigo pensar em nenhum outro lugar... que pensa no longo prazo em vez de visualmente para o trimestre, ou que olhe para uma área de negócios (ou experiência do cliente) e não se deixe ser bloqueada pela convenção existente, ou que dê às pessoas que entregam uma chance de tentar qualquer iniciativa empreendedora que faça sentido para ela, independentemente de seu nível de experiência naquela área, ou que contrate construtores que ficam soltos para ir mudar o mundo, ou que tenha uma tendência tão forte, inventiva, de mentalidade grande e alta para ação, com uma cultura tão camarada, faminta e orientada para a entrega. É por isso que ainda estou aqui dezesseis anos depois...* **A Amazon é o sonho de um construtor**, *e se*

você quer uma chance para mudar o mundo de uma forma generalizada, não há lugar melhor" (grifo nosso).

Andy Jassy está na Amazon até hoje, vinte e dois anos depois. Jeff Wilke e Steve Kessel ainda estão na Amazon também, depois de vinte anos. Na verdade, entre os dezoito membros do *S-team* (o time executivo central da Amazon, incluindo Bezos, e aqueles que se reportam diretamente a ele, além de dois executivos selecionados de níveis abaixo), metade está na empresa há vinte anos ou mais, incluindo Jeff Wilke (1999), Andy Jassy (1997), Jeff Blackburn (1998), David Zapolsky (1999), Russ Grandinetti (1998), Steve Kessel (1999), Charlie Bell (1998), Paul Kotas (1999) e Peter DeSantis (1998).

Para uma empresa com uma história de apenas vinte e cinco, isso vai além do impressionante.

PARAÍSO PARA OS AMBICIOSOS

Para aquelas almas jovens e ambiciosas que estão comprometidas em acelerar o crescimento pessoal e ansiosas por experiência empreendedora, a Amazon é seu paraíso.

Na Amazon, os novos contratados ficam agradavelmente surpresos com o quanto de propriedade eles podem ter desde o começo. Quando são designados a um time de projeto, eles são expostos e se engajam com todas as funções envolvidas, e tomam decisões e criam produtos que poderão potencialmente impactar milhões de clientes.

Em sua Carta aos Investidores de 2014, Bezos escreveu a respeito do Prime Now, o novo serviço de entrega de uma hora, com orgulho notável:

> *"Prime Now... foi lançado apenas **111 dias** depois de ter sido sonhado. Nesse meio-tempo, um time pequeno criou um aplicativo voltado para o cliente, garantiu uma localização para um depósito urbano, determinou quais dos 25 mil itens vender, estocou esses itens, recrutou e pôs novas pessoas para dentro, testou, repetiu, desenhou novo software para uso interno – tanto um sistema de gestão de depósitos quanto um aplicativo para motoristas – e lançou antes da época das festas."*

Se você tivesse sorte o suficiente para estar neste time desde o começo, sua curva de aprendizagem pessoal e versatilidade crescente teriam ido muito além de sua imaginação mais fértil. Uma experiência como essa é o que atrai e retém os jovens e ambiciosos.

É claro, um aprendizado tão acelerado e versatilidade sem paralelo podem não ser para todo mundo. Alguns ex-funcionários da Amazon reclamaram que eles "deixam os engenheiros fazerem muitas coisas".

Novamente, é assim que o jogo foi projetado. "Autosseleção", lembra?

OS ALTOS PADRÕES

Além de tamanha experiência de aprendizagem, padrões altos também tiveram um papel importante. "Insista nos padrões mais altos" é o princípio de liderança número 7 na Amazon. Ele diz:

> *"Líderes têm níveis implacavelmente altos de exigência – muitas pessoas podem pensar que esses padrões são irracionalmente altos. Líderes estão continuamente elevando o patamar e levando os seus times a entregar produtos, serviços e processos de alta qualidade. Líderes garantem que defeitos não desçam pela linha de montagem e que problemas sejam resolvidos para permanecer resolvidos."*

Por que padrões de exigência altos, ou até mesmo tão altos? Porque Bezos acredita que "as pessoas são atraídas por padrões de qualidade altos – eles ajudam com recrutamento e retenção".[31]

De fato, para os jovens e ambiciosos, o que poderia ser uma maneira melhor de ajudá-los a crescer do que estabelecer os padrões de exigência irracionalmente altos ou os mais altos de todos?

LUTE PELOS MELHORES TALENTOS

Bezos entende que um ótimo trabalho em definir, recrutar, motivar e reter o talento certo é de fato muito precioso, mas não o suficiente. Além disso, a Amazon precisa contínua e proativamente buscar e lutar pelos melhores talentos.

O desafio único de atrair os melhores talentos fica em um paradoxo interessante: por um lado, eles normalmente não são aqueles que buscam trabalho, então, tecnicamente estão fora do mercado; por outro lado, são sempre cobiçados de perto e silenciosamente, mas perseguidos de maneira calorosa por muitos.

Lutar pelos melhores talentos é o trabalho de um CEO que não pode e não deve ser completamente delegado ao RH. Para esses supertalentos do topo, interações diretas com o CEO, o fundador, o presidente e os executivos do topo podem ter um papel determinante em suas decisões finais.

Pegue o cortejo de Rick Dalzell, um ex-executivo do Walmart, por exemplo. Durante seu período de dez anos na Amazon, Dalzell foi o braço direito de Bezos por muito tempo. Além de seu emprego como CIO, ele também tinha um papel essencial em desenvolver pessoas e organizações. Ele trouxe o talento certo no momento apropriado e desenvolveu muitas pessoas no seu caminho. Andy Jassy, o atual CEO da AWS, está entre um dos muitos *coachees* de Dalzell.

Bezos precisou mais de meio ano para conquistar Dalzell. Bezos e Joy Covey, o CFO da Amazon na época, começaram a cortejar Dalzell no começo de 1997. Naquela época, ele era executivo sênior do Walmart. Diversas tentativas iniciais foram inúteis, com Dalzell recusando todas repetidamente.

Quando a primeira reunião enfim aconteceu, ela parecia estar particularmente amaldiçoada, marcada pela má sorte dupla de Dalzell de a companhia aérea perder sua bagagem e Bezos derrubar café nele.

Ainda assim, Bezos não é um homem que desistiria fácil. Ele continuou a ir em frente com sua própria marca de intensidade e implacabilidade.

Ele pediu que Covey ligasse para a esposa de Dalzell a cada duas semanas. Ele combinou com o aclamado empreendedor de capital de risco John Doerr de se encontrar com Dalzell. Ele até mesmo voou com Covey para Bentonville, onde a sede da Walmart e a família de Dalzell se localizavam, em uma viagem surpresa para convidar Dalzell para jantar.

Todos esses esforços finalmente surtiram efeito. Dalzell concordou em se juntar à Amazon depois daquele jantar. Mas a alegria da vitória durou pouco, uma vez que Dalzell mudou de ideia em seguida dado o esforço aparentemente impossível de mudar sua família inteira de Bentonville para Seattle.

Apesar desse imenso revés, Bezos na verdade foi bem-sucedido em plantar a semente da Amazon no coração de Dalzell. Conforme o tempo passou, a semente começou a crescer e florescer.

Por fim, a esposa de Dalzell, que na realidade já fazia parte da equipe de recrutamento da Amazon naquela época, o convenceu a tomar uma atitude. Dalzell se juntou à Amazon como CIO em agosto de 1997.

Essa anedota ilustra que lutar por aqueles talentos do topo nunca é uma tarefa fácil. Além de você, os jogadores principais constantemente recebem ligações de outros empregadores potenciais, enquanto, ao mesmo tempo, o empregador existente também vai encantá-los, incentivá-los ou até mesmo coagi-los a ficar. Você precisa ser persistente, implacável e engenhoso, como Bezos foi ao lutar por Dalzell.

Todos os seus esforços em pessoal serão bem gastos. Assim como Bezos disse, no fim das contas, suas pessoas são sua empresa.

* * * * * * * *

Entre os seis fundamentos do sistema de gestão Amazon, há dois que são bases **fundamentais**. Sem esses dois, todos os outros vão despencar e o sistema inteiro entrará em colapso.

Então quais são esses dois? O aumento contínuo do nível de exigência do talento (Fundamento 2), elaborado neste capítulo, é um, e o outro é o sistema movido por dados e métricas gerados por IA (Fundamento 3).

É de crucial importância gerenciar o dia a dia na Amazon para alcançar a excelência operacional e liberar mais energia organizacional para melhoria contínua, inovação e invenção.

O que é um sistema movido por dados e métricas gerados por IA e como ele funciona? Vamos explorar neste próximo capítulo.

REFLEXÕES E IDEIAS A CONSIDERAR PARA SUA EMPRESA

DESTAQUES DO CAPÍTULO
FUNDAMENTO 3

O sistema de dados e métricas é ultradetalhado, interdepartamental, intercamadas, de ponta-a-ponta, em tempo real, orientado para entradas e movido por inteligência artificial. Portanto, tudo pode ser rastreado, medido e analisado simultaneamente com anomalias detectadas, insights gerados e decisões rotineiras automatizadas.

A RESPOSTA COMEÇA COM NÚMEROS

Ultradetalhado
Ponta-a-ponta
Em tempo real
Acompanhar entradas
Confiar, mas verificar

OS DADOS E MEDIDAS LIBERTADORES

Os executivos
As pessoas da linha de frente
A elevação constante do patamar

FERRAMENTAS PODEROSAS MOVIDAS POR IA

Os exemplos
Precificação permitida pela automação

FUNDAMENTO 3: SISTEMA MOVIDO POR DADOS E MÉTRICAS GERADOS POR IA

Gerenciar a Amazon, o gigante império com complexidade sem precedentes, de negócios drasticamente diferentes, de geografias vastamente espalhadas pelo mundo todo e com operações de tamanho e alcance maciços é, sem dúvida, um desafio intimidador.

Se você fosse encarregado de uma obrigação tão importante, é provável que estaria profundamente enterrado até o pescoço com as administrações do dia a dia.

Por outro lado, é raro quer Jeff Bezos passe tempo com considerações do cotidiano. "Tento organizar meu tempo pessoal para que tenha planejado dois a três anos da minha vida para a frente."[32] Ele também pede que seus líderes principais façam o mesmo. Ram viu uma mentalidade parecida no ex-presidente e CEO da GE, Jack Welch.

Será que é porque Bezos nunca interfere? Absolutamente não. No espectro normal de interferência *versus* não interferência, Bezos talvez seria aquele que redefine os detalhes em profundidade e magnitude.

Se isso é verdade, como reconciliar esse paradoxo desconcertante?

Sem digitalização, não se poderia fazer isso. O segredo de Bezos está nos dados e sistema de métricas gerados por IA de primeira classe, o padrão ouro da categoria, em que tudo o que importa pode ser acompanhado, medido e analisado, com insights e decisões de rotina automatizadas.

Um sistema assim não apenas libera Bezos, executivos e funcionários das linhas de frente da Amazon de gerenciar diariamente as tarefas de rotina e a burocracia inevitável associada a isso, mas também permite o uso de ferramentas movidas por inteligência artificial que são fundamentais para o sistema de gestão Amazon.

A RESPOSTA COMEÇA COM NÚMEROS

Jeff Bezos é um homem de números. É a sua maneira única de entender o mundo, se divertir na vida e liderar os negócios na Amazon.

Quando era um garotinho, Bezos saía em aventuras com seus avôs, dirigindo por longas distâncias. Durante essas longas horas na estrada, matava o tempo resolvendo pequenos problemas aritméticos e criando estimativas. Em um caso específico, Bezos mencionou, em seu discurso, em 2010, para os alunos formandos de Princeton, uma lembrança de ouvir um comercial sobre fumar que declarava que cada tragada de cigarro iria diminuir a vida de alguém em alguns minutos. Ele imediatamente disse a sua avó: "Com dois minutos entre tragadas, você acabou com nove anos da sua vida!".

Soa incrível? Parece um cálculo impossível para a maioria de nós, mas isso era simples e direto para Bezos. Com base em uma estimativa de consumo diário de cigarros e o número de tragadas por cigarro, ele rapidamente fez as contas na cabeça. (Naquele dia, Bezos também aprendeu uma valiosa lição de vida de que é mais difícil ser gentil do que esperto.)

Em termos de fundar e gerenciar a Amazon, uma gigante em expansão rápida entrelaçada em quase todos os aspectos da economia e vida das pessoas, Bezos seguiu a mesma linha de raciocínio. Na Amazon, quando ele lança uma pergunta a você, não há espaço para dar voltas, para ofuscar ou para palavras vazias. Se você ousar tentar, ele vai xingá-lo sem misericórdia: "A resposta começa com um número!". Todo mundo na Amazon conhece a frase famosa de W. Edwards Deming, "Em Deus, nós confiamos; todos os outros devem trazer dados".[33]

Para muitas pessoas que trabalham na Amazon, a primeira coisa que elas fazem todos os dias é olhar os números. Armadas com smartphones, muitas delas começam esse ritual diário antes mesmo de sair da cama. Elas se tornaram mestres em atravessar um oceano de números para saber o que realmente está acontecendo.

Assim como Bezos tem seus padrões únicos para definir o talento certo para a Amazon, como descrito no capítulo anterior, ele também tem seus padrões únicos para definir quais são os dados e métricas mais importantes.

ULTRADETALHADO

Execução é uma questão de saber e entregar detalhes. A fome da Amazon por dados detalhados e métricas é de uma magnitude muito maior do que maioria das outras empresas. "Choque" é, geralmente, a primeira reação de muitos de fora da Amazon.

Se pedissem que você escolhesse a localização para um novo *data center*, por exemplo, quantos fatores você levaria em consideração? Cerca de cinco, dez, vinte ou dúzias? De acordo com o sr. Wan Xinheng, prefeito de Zhongwei, uma pequena cidade situada no oeste da China, que foi o local escolhido pela Amazon para construir o seu primeiro *data center* no país em 2015, a Amazon usou um checklist de 282 métricas. Em uma entrevista em 2016, o sr. Wan afirmou ter ficado claramente chocado.

Se você estabelecesse objetivos anuais para sua empresa, quantos itens você listaria? Cerca de cinco, dez, vinte ou dúzias? A Amazon definiu 452 objetivos detalhados para 2010, conforme anunciado na Carta aos Investidores de Bezos, em 2009. Mas objetivos por si só não são suficientes. A Amazon também especificou proprietários, produtos e datas precisas de conclusão para cada um.

Se você estivesse encarregado da categoria de vendas de terceiros na Amazon, quantas métricas você conferiria todos os dias? Cerca de cinco, dez, vinte ou dúzias? A Amazon compilou vinte e cinco páginas de métricas variadas, como:[34]

• Taxa de defeito em pedidos (ODR):*** A porcentagem de pedidos com feedback negativo de clientes, seja uma reclamação explícita, uma avaliação baixa, ou uma disputa.

• Taxa de cancelamento pré-realização: a porcentagem de pedidos cancelados antes do envio.

• Taxa de envio tardio: a porcentagem de pedidos que chegaram mais tarde do que a data combinada.

• Taxa de reembolso: a porcentagem de pedidos que resultaram em reembolsos por qualquer motivo possível.

• Contatos por pedido: o número médio de todas as interações humanas para cada pedido.

***Sigla criada a partir do nome em inglês: *Order Defect Rate*. [N.T.]

- Os livros, palavras-chaves, autores, editoras e partes envolvidas que mais vendem.
- Os livros, palavras-chaves, autores, editoras e partes envolvidas que são mais buscados.
- O tempo necessário para carregar uma página.

Apenas imagine tantos dados detalhados, duas ou três vezes além da definição normal de detalhe, seguindo por vinte e cinco páginas.

Você acharia que vinte e cinco páginas é demais? Na realidade, essa já é a versão reduzida da lista original com mais de setenta páginas. É claro, caso você queira se aprofundar em alguns dados, sempre pode entrar no sistema interno da Amazon para se deleitar por completo no oceano de dados e métricas.

PONTA-A-PONTA

Na maioria das empresas tradicionais, a coleta de dados é fatiada por silo, por camada e por envolvimento real. Cada divisão ou função consegue ver dados gerados e coletados apenas em seu próprio domínio de operações de negócios. Por exemplo, as vendas podem ver números de vendas, o marketing pode ver os gastos de marketing, a produção pode ver pedidos de produção e o financeiro pode ver o inventário, os resultados e a geração de lucro. No entanto, seria extremamente difícil ligar todos esses pontos de informação e definir, em cada nível de SKU,**** quais eram os melhores, que geravam mais fluxo de caixa e lucro líquido.

Nesses tipos de organizações, é quase impossível obter dados de outros silos. O compartilhamento de informações pode

---

**** SKU é a sigla para *Stock Keeping Unit*, em inglês, que se refere à Unidade de Manutenção de Estoque. [N.T.]

ser impedido por muitos motivos, como preocupações quanto à confidencialidade, falta de autorização ou relutância oriunda de rancores pessoais, assim como outros obstáculos fantasiados de atrasos, distorções ou omissões propositais de partes cruciais da informação. A lista de motivos legítimos será longa, e a lista de desculpas deliberadas e delicadas será ainda mais longa. Por quê? Porque em muitos casos, a informação se tornou a base do poder.

É por isso que quando empresas tradicionais embarcam na viagem da digitalização, a transparência de dados é geralmente um dos primeiros passos. Como um presidente lembrou repetidamente a todos durante um prolongado workshop executivo sobre digitalização, "um dado nunca mais seria um tesouro escondido".

Como mencionamos no capítulo do "Fundamento 1: Modelo de negócios obcecado pelo cliente", dados são a nova equidade da era digital. Nesse sentido, todos os dados pertencem à empresa inteira, não a um indivíduo ou a uma divisão.

Na Amazon, um time pequeno é encarregado da responsabilidade de ponta-a-ponta para um produto ou um serviço. Como garantir que esse time faça um bom trabalho? Depois de garantir a seleção do melhor pessoal, o próximo facilitador crucial mais importante é a disponibilidade de dados de ponta-a-ponta, que não seja segregado por silo ou função. Sem tais apoios de dados, gerenciar um negócio seria tão difícil quanto manobrar em uma mansão completamente no escuro.

Nesse sentido, a transparência dos dados ponta-a-ponta é um mecanismo eficaz para forçar o desmantelamento de silos e permitir a prestação de contas do começo ao fim.

EM TEMPO REAL

Em muitas empresas, as avaliações de negócios acontecem a cada trimestre ou mensalmente, com um atraso de dez dias ou mais em decorrência do tempo necessário para calcular os procedimentos. Como resultado, é comum que as avaliações do primeiro trimestre aconteçam por volta de 10 de abril e a de maio, perto de 10 de junho.

Em um exemplo de caso real de nossa experiência, a avaliação trimestral dos negócios de uma conta-chave de uma empresa acontecia em 15 de abril. Durante a reunião, o vice-presidente de contas-chave revisou com seu time o desempenho do primeiro trimestre em comparação ao orçamento para cada uma das vinte contas. Para aqueles com grandes espaços, ele puxou dados do trimestre até desempenhos mensais e descobriu que, para uma conta em particular, as vendas de janeiro fecharam com o orçamento, mas as vendas despencaram de súbito em fevereiro e março. Ele questionou a pessoa responsável sobre as causas em potencial, trocou ideias com o time a respeito de como resolvê-las e tomou decisões em quatro pontos de ação naquele exato momento.

O que você acha desse vice-presidente? Está prestes a elogiar por ter um faro para detalhes, uma tendência a agir rápido e a coragem de tomar decisões no ato? Ele é um grande líder, certo? Ele pode ser um grande líder nos padrões tradicionais, mas tal forma de gerenciar um negócio é tristemente inadequada para vencer na era digital. Qualquer ação que comece em 15 de abril estava atrasada por dois meses e meio.

Na Amazon, dados assim são acompanhados em uma base de tempo real, sem perda de tempo. É provável que, armada com sistema de dados e métricas em tempo real, a pessoa responsável por aquela conta em particular mencionada anteriormente poderia ter detectado a anomalia sozinha bem antes, como nos primeiros dias de fevereiro, ou até mesmo nos últimos dias de janeiro, e poderia ter ajustado sozinha ou com uma aprovação de um nível acima ao dela no máximo. Não precisaria desperdiçar dois meses e meio. Em alguns casos, o destino de sua empresa pode estar selado em uma fração desse tempo.

ACOMPANHAR ENTRADAS

Esse provavelmente é o aspecto mais diferenciado do sistema de dados e métricas da Amazon.

Ao estabelecer metas, a maioria das empresas se foca em crescimento de receitas, margens e lucros líquidos. No entanto, entre os 452 objetivos da Amazon para 2010: "A expressão 'receita' é usada oito vezes e 'fluxo de caixa livre' é usada apenas quatro... Os termos 'renda líquida', 'lucro bruto', ou 'lucro operante', ou 'marginal', não são usados uma vez sequer".[35]

Por quê? Receita, crescimento, margens e lucros líquidos são saídas. A Amazon acredita que para garantir boas saídas, é preciso ir até o cerne da questão e acompanhar com seriedade as entradas.

Por que a Amazon acompanha o tempo necessário para carregar uma página? Porque suas análises de dados mostram que "até mesmo um atraso de 0,1 segundo no carregamento de uma página pode se traduzir em uma queda de 1% na atividade do consumidor".[36]

Por que a Amazon acompanha as métricas de contatos por pedido? Porque cada pedido, ou seja, interação humana com clientes, pode revelar um potencial defeito do sistema e claramente tem custos, sejam grandes ou pequenos. De fato, ao acompanhar e então reduzir agressivamente contatos por pedido em 90%, a Amazon melhorou de forma significativa sua lucratividade em 2002, tornando-se positiva em custos operacionais pela primeira vez na história da empresa.[37]

CONFIAR, MAS VERIFICAR

Na Amazon, cada afirmação precisa ser defendida por dados e métricas. Promessas sem fundamento não rolam. Para aqueles que são pegos, seus dias na Amazon estão contados.

Bezos claramente encarna o Princípio de Liderança Amazon do Mergulho Profundo, que declara: líderes operam em todos os níveis, se mantêm conectados aos detalhes, auditam frequentemente e ficam céticos quando os dados não batem com as histórias. Nenhuma tarefa está abaixo deles, e eles investiriam tempo e energia para verificar em pessoa.

Por exemplo, em uma reunião executiva na época de Natal, em 2000, Bezos perguntou ao chefe do Departamento de Atendimento ao Consumidor a respeito do tempo de espera de clientes. Essa é uma métrica de quanto tempo clientes precisam esperar antes de suas ligações serem atendidas por um representante do serviço de atendimento ao consumidor. Sem oferecer nenhuma evidência para respaldar, a pessoa respondeu que estava bem abaixo de um minuto.

Como um erro tão colossal escaparia aos olhos de águia de Bezos? Usando o alto-falante no meio da sala de reuniões,

Bezos discou o número automático do call center da Amazon. Ele até mesmo tirou o relógio para calcular o tempo.

Adivinha quanto tempo Bezos esperou para ser atendido? Não um minuto, nem mesmo dois minutos, mas quatro minutos e meio. Isso dá 270 segundos. Você pode tirar um minuto para contar de 1 a 270 para ter uma noção de quanto tempo isso parece ser. Sem dúvida, para aquele executivo em particular, a espera coletiva com Bezos e o time executivo inteiro deve ter parecido uma eternidade.

Por que Bezos investiria preciosos quatro minutos e meio do time executivo inteiro nesse detalhe aparentemente "trivial"? Por dois motivos.

Em primeiro lugar, para Bezos, que é verdadeiramente obcecado pelos clientes, isso é justamente o oposto de trivial. Na verdade, era primordial para a experiência do cliente. Nenhum cliente chamaria o call center da Amazon só para uma ligação simpática. Em geral, era um encontro desagradável ou um problema frustrante que ativava a ligação. A espera longa simplesmente exacerbaria a insatisfação crescente e a raiva progressiva.

Em segundo lugar, Bezos usou esse exemplo específico para demonstrar vividamente o princípio do Mergulho Profundo bem no ato, ou seja, nenhuma tarefa está abaixo deles, e eles deveriam investir tempo e energia para verificar em pessoa. Depois daqueles longos quatro minutos e meio, todos na sala e todos que ouviram a história definitivamente aprenderiam a lição de cor. Isso é treinamento eficaz no momento.

Como o próprio Bezos faria uma observação e apoiaria com evidência à prova de balas?

Para ilustrar o objetivo de precificação de "não aplicar desconto a uma pequena seleção de produtos por um período limitado", mas oferecer "preços baixos todos os dias e aplicá-los amplamente em nossa seleção inteira de produtos", em sua Carta aos Investidores de 2002, Bezos citou o resultado de uma comparação de preços dos cem livros mais vendidos.

Para eliminar qualquer influência, ao escolher os cem livros mais vendidos, ele usou uma lista do maior concorrente da Amazon na época. Para garantir representatividade, ele examinou a composição desses cem livros por categoria e formato, e pediu que algumas pessoas visitassem quatro de suas superlojas, tanto em Seattle quanto em Nova York, para ter faixas de preço. Baseado na informação coletada, ele comparou os preços por um custo coletivo, por título e por número de livros vendidos com desconto.

O exercício de comparação de preços gerou as seguintes descobertas:

• "Nas lojas deles, esses cem livros mais vendidos custam US$ 1.561. Na Amazon.com, os mesmos livros custam US$ 1.195, com uma economia total de US$ 366, ou seja, 23%.

• Para setenta e dois dos cem livros, nosso preço era mais barato. Em vinte e cinco dos livros, nosso preço era o mesmo. Em três dos cem, os preços deles eram melhores (nós, subsequentemente, reduzimos nossos preços nesses três livros).

• Nessas superlojas do mundo físico, apenas quinze de seus cem títulos tinham desconto – eles estavam vendendo os outros oitenta e cinco no preço cheio listado. Na Amazon.com, setenta e seis dos cem tinham desconto, e vinte e quatro estavam sendo vendidos pelo preço cheio."[38]

Na Amazon, o teste final para robustez do sistema de dados e métricas é simplesmente dar um passo à frente. Se você consegue sobreviver à barragem de perguntas de Bezos e seus executivos, normalmente dois a três graus acima dos padrões normais de um mergulho profundo, e fornecer respostas convincentes respaldadas por números sólidos, quer dizer que você passou.

OS DADOS E MEDIDAS LIBERTADORES

Definir e refinar continuamente esses labirintos de métricas ultradetalhados, de ponta-a-ponta (intersilos e intercamadas), em tempo real, lotado de entradas, e continuamente acompanhar, medir e analisar o volume maciço de dados com todas essas métricas não é fácil. Isso requer investimento pesado de dinheiro e, sobretudo, tempo e energia de pessoas ao longo de muitos anos e em todos os níveis da organização.

Por que a Amazon tem se comprometido tanto com essa rota? A forte fascinação pessoal de Bezos por números claramente tem um papel aqui. No entanto, o que importa mais é o retorno robusto de tais investimentos maciços de início.

Armada com o sistema de dados e métricas movidos a IA, a Amazon pode liberar todos os construtores em todos os níveis da organização e ao mesmo tempo garantir a elevação constante do patamar de uma organização eternamente no Dia 1.

OS EXECUTIVOS

Na maioria das empresas tradicionais, uma vez que o negócio aumenta, o número de empregados se expande com rapidez também.

Conforme ditado pela tradicional teoria de gestão de amplitude administrativa, o número de subordinados que um gerente consegue supervisionar de forma eficaz é limitado. O número ideal varia de acordo com a natureza do trabalho a ser executado, mas o alcance em geral compreende cerca de dois a três, até seis a oito, e dificilmente se expande além de dez a quinze. Portanto, de modo compreensível, muitas empresas grandes tendem a ter de seis a sete camadas de gerentes. Nós conhecemos algumas gigantescas com dez ou mais camadas.

Equipada com seu sistema de dados e métricas movido por IA que consegue continuamente acompanhar, medir e analisar transações de negócios, detectar anomalias e automatizar decisões rotineiras usando medidas ultradetalhadas, de ponta-a--ponta, em tempo real e cheias de entradas, a Amazon na verdade desafiou a teoria da amplitude administrativa, a regra cardinal do desenho de organizações de negócios. Tal sistema de dados e métricas minimiza de forma significativa a necessidade de supervisão física.

Na verdade, a Amazon desafia a regra de uma maneira tão fundamental que Jeff Wilke, CEO do Worldwide Consumer, poderia pessoalmente gerenciar quinhentos times de projetos. Como isso é possível? O crédito, primeiro, vai para o sistema de dados e métricas, e então para o sistema de gestão de projetos internos, uma ferramenta poderosa construída na base dos dados e métricas.

A Amazon também tem reuniões de avaliações de negócios, mas com duas diferenças centrais das empresas mais tradicionais. Uma é a cadência: a revisão da Amazon acontece numa base semanal ou bissemanal. Com ciclo de feedback acelerado e ajustes, a Amazon consegue identificar problemas, fazer mudanças no meio de rotas muito mais rápido e com muito mais agilidade do que a concorrência.

O outro é foco. Em vez de se concentrar em performances históricas e fazer cada executivo ou gerente preparar extensas apresentações, as reuniões da Amazon se concentram mais em como solucionar problemas específicos de clientes e em como desenhar e implementar experiências para melhorar, inovar e inventar.

Nesse sentido, o sistema de dados e métricas da Amazon libera os executivos de ter que se afundarem em operações rotineiras do dia a dia e libera mais tempo e energia para que eles se dediquem à melhoria, inovação e invenção contínuas e para viver no futuro.

Esse é um dos fundamentos principais para a visão de Bezos a fim de transformar a Amazon numa máquina de invenções.

AS PESSOAS DA LINHA DE FRENTE

Na maioria das empresas tradicionais, uma vez que uma decisão é tomada pelo chefe, é muito difícil que ela seja derrubada. As ondas inevitáveis de distorção e atrasos invariavelmente alteram o raciocínio da decisão original, que parece completamente descontrolado quando as consequências são sentidas pelos trabalhadores da linha de frente.

Quando as pessoas da linha de frente recebem uma instrução tão medíocre, ou até mesmo "maluca" de um determinado chefe que já está desligado e desconectado da dinâmica atual do mercado e das preferências atuais do público-alvo, o que fazer? Na maior parte dos casos, a única opção é engolir e conviver com aquilo.

As pessoas da linha de frente raramente têm uma oportunidade de dar sua opinião, muito menos ocupar um lugar na mesa onde as decisões estratégicas estão sendo tomadas. Mesmo se tiverem sorte o suficiente para conseguir acesso, suas visões são invariavelmente rechaçadas pelo chefe, que se comporta como se o fato de ter mais poder e mais experiência de alguma forma conferisse a ele mais sabedoria ou experiência com o cliente.

Na Amazon, as pessoas da linha de frente podem ser libertas de tais frustrações dolorosas. Quando decisões difíceis são consideradas, trabalhadores da linha de frente são encorajados (e, na verdade, obrigados) a tomar a iniciativa de arranjar todos os dados relevantes no sistema e fazer a análise requerida sozinhos. Se todos os resultados apoiam suas visões, não há necessidade de esperar ou se preocupar. Espera-se que eles cheguem imediatamente ao chefe e façam reverter as decisões falhas em questão.

Além disso, dada a transparência de dados e métricas, as pessoas na linha de frente não têm que esperar pelo exame, questionamento e instruções subsequentes do chefe semanas ou meses depois. Quando dados em tempo real enviam sinais de perigo, o proprietário da métrica respectiva tomará sozinho e de forma imediata a iniciativa para identificar a raiz dos problemas e desenvolver ações corretivas para ajustes durante o curso.

Ademais, a transparência de tais dados e métricas tão ultradetalhados, de ponta-a-ponta (intersilos e intercamadas), em tempo real, orientados para entradas faz com que a batalha ladeira acima para a colaboração interfuncional seja muito mais fácil. Dados em tempo real são o melhor argumento persuasivo para ajudar a conseguir o apoio de quase qualquer pessoa na empresa.

Esse é um dos ingredientes secretos da Amazon para velocidade e agilidade.

A ELEVAÇÃO CONSTANTE DO PATAMAR

Quase todas as empresas se comprometem com um objetivo de cultura movida pela performance. Sem o apoio forte de um sistema de dados e métricas soberbamente robusto, executivos deixam com frequência de ver dados fundamentais que poderiam usar para tomar decisões eficazes e informadas. Na ausência dos dados mais informativos, tais aspirações não cumprem seu potencial.

Quando Jeff Wilke ingressou na Amazon em 1999 com a missão de consertar as operações da empresa, uma das primeiras mudanças que fez foi desenvolver "dúzias de métricas" e ordenar que "seus gerentes gerais as acompanhassem com cuidado, incluindo quantos envios cada centro de realização recebia, quantos pedidos eram enviados e o custo por unidade de embalar e enviar cada item".[39]

A maioria das pessoas pode pensar que essas são tarefas repetitivas, mas elas são essenciais para a conveniência do cliente, a excelência operacional e a elevação constante do patamar.

De fato, esse trabalho rigoroso se mostrou instrumental para o sucesso futuro da Amazon com o Prime (frete grátis em até dois dias para membros Prime) e FBA (*fulfillment by Amazon*, ou seja, realização feita pela Amazon). Até mesmo agora, vinte anos depois, uma gigante chinesa de e-commerce ainda tem dificuldade em como obter um custo preciso por unidade para cada embalagem e envio de cada item, e como ajudar gerentes gerais de realização e centros de envio a melhorar a performance.

É por isso que Wilke podia prometer a Bezos "que ele conseguiria gerar, com propriedade, economias de custo a cada ano apenas com redução de defeitos e aumento de produtividade".[40] É claro, ele também cumpriu a promessa. Como você sabe, isso também é muito importante na Amazon.

Bezos constantemente aspira em criar uma organização no eterno Dia 1 na Amazon. A elevação constante do patamar está no centro dessa visão. O sistema de dados e métricas constitui, na realidade, um facilitador fundamental para definir isso para todos em cada atividade na Amazon, de uma forma cristalina, superespecífica e altamente mensurável.

FERRAMENTAS PODEROSAS MOVIDAS POR IA

Antes de fundar a Amazon, Bezos trabalhou por quatro anos na D.E. Shaw e Co., uma pequena empresa de investimentos em Wall Street, que na verdade deixava computadores tomarem todas as decisões de mercado de ações.

Durante sua sessão de *brainstorming* semanal com o fundador David Shaw, Bezos conseguiu testar algumas das primeiras ideias a respeito da iminente promessa de chegada da economia digital: ele já tinha imaginado algumas das maiores invenções da Amazon, práticas comuns que hoje vemos como certas, como a personalização determinante que trata cada um dos consumidores de forma diferente.

No começo de sua Carta aos Investidores de 2010, Bezos escreveu:

> *"Florestas aleatórias, inferências de Bayes ingênuas, serviços cheios de REST (Transferência Representacional de Estado), protocolos de fofoca, consistência eventual, fragmentação de dados, antientropias, quóruns bizantinos, codificação de apagamento, relógios de vetor... Entre em certas reuniões da Amazon e você pode achar momentaneamente que entrou em uma aula de ciências da computação.*
>
> *Dê uma olhada em livros técnicos a respeito de arquitetura de software e você encontrará poucos padrões que não se aplicam à Amazon. Nós usamos sistemas de transações de alta performance, caches de objetos e renderização complexos, sistemas de workflow e filas, inteligência de negócios e análise de dados, aprendizado por máquinas e reconhecimento de padrões, redes neurais e decisões tomadas a partir da probabilística, e uma variedade imensa de outras técnicas. E enquanto muitos de nossos sistemas são baseados nas últimas pesquisas da ciência da computação, isso com frequência não foi o suficiente: nossos arquitetos e engenheiros tem tido que pesquisar adiantadamente em direções que nenhum acadêmico já tinha tomado. Muitos dos problemas que encaramos não têm soluções nos livros didáticos, e então nós – alegremente – inventamos abordagens novas."*

É óbvio que a paixão pessoal de Bezos por tecnologia e pelo já conhecido espírito de imaginação e invenção se tornou uma das características mais marcantes. Nesse aspecto, a Amazon tem a liderança.

Esse é um diferenciador-chave. Quantos CEOs e executivos seniores sequer têm noção do que essas ferramentas digitais são e que mágica elas podem fazer? Se não têm a noção pessoalmente, será que contam com alguém em quem possam confiar e que saibam como aplicar essas ferramentas digitais no negócio?

OS EXEMPLOS

As aplicações dessa abordagem são infinitas, e informam virtualmente todas as decisões estratégicas.

Como a Amazon escolhe a localização de seu próximo centro de realização? A resposta é o *Mechanical Sensei*, um sistema de software "que simula todos os pedidos circulando entre os centros de realização da Amazon e prevê onde os novos centros de realização serão mais produtivamente localizados".[41]

Como a Amazon ajuda centenas de milhares de vendedores terceirizados que contribuíram com US$ 160 bilhões em venda de produtos brutos em 2018? Ao dar a eles "as mais fantásticas ferramentas de vendas que conseguíamos imaginar e construir".[42] Tais ferramentas ajudam os vendedores a incorporar todos os fatores relacionados a operações de negócios, como sazonalidade, resultados históricos, predições futuras, ofertas competitivas e considerações de fluxo de caixa, para poder tomar as melhores decisões em inventário, precificação e promoção dos pedidos, assim como prover os serviços mais convenientes em processamento, coleta de pagamento, acompanhamento de frete e análise de desempenho de todos os pedidos.

Como a Amazon gere o grande número de vendedores terceirizados, a maioria negócios pequenos e médios? Desde o começo, a plataforma para terceiros da Amazon foi desenvolvida baseada no princípio do design de autogovernança. O sistema de dados e métrica pode acompanhar meticulosamente a performance de cada vendedor de terceira parte usando um conjunto de métricas, e então juntar os resultados da performance real às métricas para gerar uma avaliação agregada do índice. Para os que se saírem melhor, o sistema automaticamente cria várias premiações de acordo com regras predefinidas especificadas nos algoritmos; para aqueles com dificuldades, alertas serão enviados e, em casos severos, a equipe de gerência se envolverá em discussões antes de remover a pessoa da plataforma Amazon.

PRECIFICAÇÃO PERMITIDA PELA AUTOMAÇÃO

Como a Amazon garante sua competitividade em preços? *Bots* de precificação. Eles são "programas automatizados que se espalham pela internet, espiam os preços dos competidores, e então ajustam os preços da Amazon no mesmo padrão, garantindo o cumprimento da demanda rígida de Bezos de que a empresa sempre se iguale ao preço mais baixo em qualquer lugar, off-line ou on-line".[43]

Como a Amazon consegue mais consumo de cada cliente? Recomendações personalizadas. E quem na Amazon decide quais itens serão recomendados para quais pessoas? Na verdade... ninguém. Um sistema baseado em algoritmos automatiza totalmente as recomendações personalizadas para cada cliente em particular.

Como a Amazon desenvolve opções e decide a forma de entrega mais rápida e mais barata para cada pedido? No começo dos anos 2000, o sistema de software de realização da Amazon conseguia processar milhões de decisões como essas a cada hora. Dada a busca implacável da Amazon por melhorias, seus sistemas de software de realização altamente sofisticados têm estado em uma esteira sem fim de iterações desde sua criação. Apenas em 2014, a Amazon "lançou 280 grandes melhorias do software ao longo da rede dos FC (*fulfillment centers*, centros de realização). Nosso objetivo é continuar a iterar e melhorar o design, layout, tecnologia e operações nessas construções, garantindo que cada nova unidade que construamos seja melhor que a última".[44]

* * * * * * * *

Permitida pelos dois fundamentos, ou seja, as pessoas certas (fundamento 2) e as ferramentas certas de dados, métricas e movidas por IA (fundamento 3), a Amazon agora está bem preparada para uma missão há muito imaginada ser impossível: criar uma máquina de invenções contínua e acelerada, mirando em gerar invenções revolucionárias, que mudem as regras do jogo e moldem o comportamento do consumidor, criando novos espaços de mercado e oportunidades econômicas de imensa magnitude.

Parece altamente intrigante, mas também parece impossível. Então como fazer a invenção ser o DNA da Amazon?

Como construir uma máquina de inventar com aspirações tão altas?

Nós damos as boas-vindas ao próximo capítulo.

REFLEXÕES E IDEIAS A CONSIDERAR PARA SUA EMPRESA

DESTAQUES DO CAPÍTULO
FUNDAMENTO 4

A máquina de invenções é contínua, acelerada e mira em gerar invenções revolucionárias que mudem as regras do jogo e que modelem o comportamento de consumidores, criando novos lugares no mercado e oportunidades econômicas de imensa magnitude.

MOTIVAÇÃO IMPLACÁVEL PARA INVENTAR

Ousando aprender novas habilidades
Ousando acabar com seu próprio negócio
Ousando fracassar, seriamente
Ousando ser paciente

BUSQUE GRANDES IDEIAS CONTINUAMENTE

Busque ideias de todo mundo
Tem que ser grande, grande mesmo
Deve inventar em nome dos clientes
Deve ser distintivamente diferenciado

CONSTRUA A IDEIA COM PACIÊNCIA

Quem são os clientes?
Quais são os objetivos?
Quais são os obstáculos?

CONSTRUA O TIME COM CUIDADO

Crie um time de imersão total
Escolha o líder de time certo
Reforce a prestação de contas de ponta-a-ponta

FUNDAMENTO 4: MÁQUINA DE INVENÇÕES INOVADORAS

O que faz a Amazon ser um desvio da norma, acima de todos os outros, é o puro poder de sua identidade como uma máquina de invenções: uma que consegue entregar continuamente, em um ritmo cada vez mais acelerado, invenções revolucionárias, que mudam as regras do jogo e moldam os comportamentos do consumidor, criando novos espaços de mercado e oportunidades econômicas de magnitude maciça.

É provavelmente por isso que a revista *Fortune* descreveu Bezos como o "disruptivo definitivo" em 2012, que a *Fast Company* nomeou a Amazon a empresa mais inovadora do mundo em 2017, e que a *Forbes* colocou a Amazon na sua lista de Empresas Mais Inovadoras do Mundo em 2018.

Os cientistas da Amazon são líderes em suas áreas, desde aprendizagem de máquinas até linguística computacional. A Amazon surge com muito da ciência mais legal no mundo. Em um texto no blog *Day One* da Amazon, os leitores puderam descobrir a respeito de como:

• A Amazon está patrocinando o segundo workshop anual de Aumento de Processamento de Linguagem Natural, cujo objetivo é apoiar mulheres e minorias pouco representadas trabalhando no campo cada vez mais popular de processamento de linguagem natural (PLN). "Duas cientistas da Amazon – Lucie Flekova e Amittai Axelrod – estavam no comitê organizador, que foi liderado pela pós-doutoranda de Princeton, Libby Barak, e também incluía a Diyi Yang, da Carnegie Mellon, e a

Zeerak Waseem, da Universidade de Sheffield", o blog relatou. A Amazon assumiu um número de iniciativas para apoiar a educação e o desenvolvimento de mulheres e minorias nas ciências da computação.

• Times em universidades ao redor do mundo estão competindo pelo conjunto de US$ 3,5 milhões em prêmios e bolsas pelo Prêmio Amazon Alexa para desenvolver um socialbot que consiga conversar de forma coerente e envolvente com humanos.

• O cientista e chefe de aprendizagem de máquinas da Amazon Bernhard Schölkopf esteve profundamente envolvido na Conferência NeurIPS 2018, em que a Amazon compartilhou insights e aplicou avanços em aprendizagem de Bayes, redes neurais e bots sociais e movidos por chat.

• Dilek Hakkani-Tür, um cientista diretor sênior no grupo Alexa IA, está vendo "muitos avanços em processamento de imagem e fala, bem como em muitos problemas com aprendizagem de máquinas. Dentro do diálogo, ainda é tão difícil ter máquinas que conseguem aprender como conversar em um campo aberto. Acho que é por isso que as pessoas querem trabalhar no problema".

Tudo isso flui do quanto Bezos ama invenções, que claramente é embutido em seu DNA. Seu gosto pela invenção apareceu cedo em sua infância. Seu avô o ajudava com experimentos como o de "a estrutura interior de um guarda-chuva aberto coberta de papel-alumínio para um experimento de cozinha solar" ou "transformar um antigo aspirador de pó Hoover em um aerodeslizador primitivo".[45]

Como fundador e CEO da Amazon, Bezos injeta esse DNA de invenções na empresa. Além de sustentar o motor implacável de inventor, Bezos também quer que a Amazon domine as habilidades necessárias e metodologias eficazes para a invenção.

Novamente, isso não é muito fácil. É provável que a maioria das pessoas acharia que essa tarefa é muito intimidadora para sequer tentar. Mas, para Bezos, um inventor e construtor nato, o desafio "impossível" simplesmente joga mais lenha na fogueira interior.

"Queremos ser uma empresa grande que também é uma máquina de invenções" (grifo nosso).[46]

MOTIVAÇÃO IMPLACÁVEL PARA INVENTAR

A invenção não é uma tarefa rotineira que serve para todo mundo. Nem todo líder tem a motivação implacável necessária. A maioria das pessoas que busca inovação apenas pelos seus ganhos potencialmente impressionantes ainda não compreendeu por completo que tais retornos invariavelmente vêm com uma etiqueta de preço pesada: os custos da invenção. Falam muito de inovação e aspiram com sinceridade à invenção, mas sequer investiram esforço suficiente para descobrir os cursos inatos associados a invenções revolucionárias, nem fizeram a escolha consciente de aceitar esses custos. Quando se deparam com esses custos, querem evitá-los o máximo possível.

O que eles não conseguem ver é que custos e retornos são dois lados da mesma moeda. Rejeitar os custos na verdade sufoca a invenção de uma maneira real e, ao fazer isso, eles de fato estão armando o fracasso.

Então quais são os custos inatos associados a invenções revolucionárias? Vamos passar um bom tempo juntos aprendendo a respeito deles e pensando sobre a escolha consciente que se requer para o comprometimento sério com invenções.

OUSANDO APRENDER NOVAS HABILIDADES

Na entrevista para a revista *Fast Company* em 2009, Bezos disse: "Tem duas formas de ampliar um negócio. Faça o inventário do que você faz bem e amplie suas habilidades", esse é o conceito bem conhecido de competências centrais, ou "determine o que seus clientes precisam e volte de trás para a frente, mesmo que isso requeira aprender novas habilidades".

Grande parte das empresas que construiu empreendimentos prósperos eventualmente evolui em uma mentalidade mais protetora e defensiva, em que elas se apegam com força às suas competências centrais acumuladas do passado; e busca preservar e maximizar ganhos de curto prazo sem investir o suficiente em aprendizado de novas habilidades requeridas para o futuro. Desse jeito, a Motorola deixou a Nokia tomar a dianteira e, ironicamente, da mesma forma a Nokia deixou a Apple tomar a dianteira.

Desde o Dia 1, Bezos sempre se concentrou claramente em servir as necessidades de futuros clientes, e tem estado disposto a ir de trás para a frente a fim de aprender as novas habilidades requeridas. Na realidade, em uma entrevista de 2008 com a revista *Business Week*, Bezos observou que empresas que inovam dentro de suas competências existentes estão fadadas ao fracasso. A inovação quer dizer construir novas competências.[47]

Esse tem sido o tema comum da invenção e inovação da Amazon. Pense por um instante a respeito da lista impressionante de imensas descobertas na história da empresa, como o AWS, Kindle, Alexa e Echo. Quando começou, nada da nuvem, hardware, reconhecimento de voz ou inteligência artificial estava no portfólio de competências existentes na época.

Talvez um pouco menos óbvio: o aprendizado contínuo de novas habilidades gera lucros compostos ao longo do tempo. Quanto mais habilidades se aprendem, mais oportunidades novas serão criadas e capturadas; e, assim, quando novas oportunidades desabrocham, melhores serão as habilidades, e maiores serão os retornos.

Por exemplo, quando, em 2004, Bezos decidiu seguir uma ideia maluca que mais tarde se tornaria o Kindle, a Amazon não tinha experiência alguma em equipamentos de hardware. Quando a Amazon entrou nas águas nunca antes navegadas que mais tarde se tornaria a AWS, ninguém sabia com certeza qual seria o resultado. Com aprendizado rápido e domínio comprovado em equipamentos e serviços de nuvem, a aventura a seguir do Echo parecia ser muito mais bem embasada.

Isso é o que queremos dizer com "efeitos compostos de invenções".

OUSANDO ACABAR COM SEU PRÓPRIO NEGÓCIO

No caso do Kindle, a Amazon não apenas teve a coragem, em 2004, de entrar no mercado mais saturado e competitivo de eletrônicos, como também não se encolheu com o risco de autocanibalização.

Essa ameaça era muito real na época. A Amazon tinha obtido seu primeiro sucesso ao vender livros físicos on-line. Se o Kindle podia fazer o que prometia, os clientes conseguiriam facilmente encontrar e fazer o download de um e-book em sessenta segundos, sem a dificuldade de comprar ou carregar livros físicos. O sucesso extremo do Kindle poderia falir todos os vendedores de livros físicos, incluindo a própria Amazon.

Foi por isso que quando Bezos nomeou Steve Kessel, que na época era um executivo-chave no meio da mídia tradicional (incluindo a venda de livros físicos) para liderar o Kindle e a transição para a mídia digital, ele disse a Kessel explicitamente: "Seu trabalho é acabar com o seu próprio negócio. Quero que você proceda como se seu objetivo fosse desempregar todo mundo que vende livros físicos".[48] A Amazon estava claramente nesse "todo mundo" vendendo livros físicos.

Ao receber essa designação, o emprego anterior de Kessel, com todas as suas responsabilidades e subordinados, foi imediatamente tomado dele. Por que não permitir que Kessel gerisse tanto os negócios de mídia físicos quanto digitais ao mesmo tempo? A resposta era cristalina para Bezos: "Se você está gerindo os dois negócios, nunca irá atrás da oportunidade digital com tenacidade".[49]

A abordagem de Bezos poderia deixar muitos confusos. Por que estava tão determinado? Porque Bezos sabe muito bem que se você não ousar acabar com o seu próprio negócio, outros vão. O exemplo clássico seria a Kodak, que costumava ser a líder global inequívoca no mercado de filmes, mas faliu em 2012. Ironicamente, os engenheiros da Kodak na verdade inventaram a câmera digital, mas a empresa não teve a visão de ir atrás da invenção.

OUSANDO FRACASSAR, SERIAMENTE

O fracasso é uma parte necessária e integral da invenção. Não há atalhos aqui. Para perseguir a invenção, tolerar o fracasso é uma obrigação. Ou, mais precisamente, a possibilidade de fracasso deveria ser encorajada e abraçada.

A Amazon entende com clareza esse objetivo e, na verdade, acredita em fracassar cedo e iterar até acertar. Tal crença confere à Amazon uma distinta vantagem competitiva, e a liberta para "ser pioneira nos espaços inexplorados".[50] Como Bezos explicou:

> *"Uma área em que penso que temos uma distinção especial é no fracasso. Acredito que somos o melhor lugar do mundo para fracassar (nós temos um monte de prática!), e fracasso e invenção são gêmeos inseparáveis. Para inventar, você tem que experimentar, e se você sabe antes que vai funcionar, não é um experimento."* [51]

Durante os últimos vinte e cinco anos de inovação e invenção, a Amazon encontrou inúmeros fracassos. Aqui há dezoito significativos: [52]

ANO	INOVAÇÕES FRACASSADAS (ANO DE ABANDONO, SE APLICÁVEL)
1999	1. *Amazon Auctions* (abandonado em 2000) 2. *zShop* (abandonado em 2007)
2004	3. *A9* portal de busca (abandonado em 2008)

2006	4. *Askville* (abandonado em 2013) 5. *Unbox* (abandonado em 2015)
2007	6. *Endless.com* (abandonado em 2012) 7. *Amazon WedPay* (abandonado em 2014)
2009	8. *PayPhrase* (abandonado em 2012)
2010	9. *Webstore* (abandonado em 2016)
2011	10. *MyHabit* (abandonado em 2016) 11. *Amazon Local* (abandonado em 2015) 12. *Test Drive* (abandonado em 2015)
2012	13. *Music Importer* (abandonado em 2015)
2014	14. *Fire Phone* (abandonado em 2015) 15. *Amazon Elements diapers* (abandonado em 2015) 16. *Amazon Local Register* (abandonado em 2015) 17. *Amazon Wallet* (abandonado em 2015)
2015	18. *Amazon Destinations* (abandonado em 2015)

Curiosamente, conforme uma empresa cresce, se alguém quiser continuar a inventar em uma escala que consiga ter algum impacto no mundo, o experimento precisa ser grande o suficiente para importar de verdade. Já que é um experimento, não se pode garantir sucesso; a quantidade de experimentos fracassados aumentará também. Como resultado, a não ser que você consiga se **reconciliar com a possibilidade de fracasso em grande escala** (tomada de riscos em larga escala implicada), o sucesso em grande escala não virá. É por isso que Bezos mencionou a expressão "fracassos de bilhões de dólares" pela primeira vez em 2018, em sua Carta aos Investidores.

Entre os dezoito fracassos mencionados, o *Fire Phone* é, inegavelmente, um fracasso de bilhões de dólares. No entanto, das cinzas do *Fire Phone*, a Amazon conseguiu colher seus aprendizados e alavancar a experiência de seus desenvolvedores para acelerar o Echo e a Alexa. Esses dois provaram consistir em vitórias que se revelaram muito maiores em escala e muito mais longas em termos de tempo e prazo.

Bezos não está sozinho em tais ousadias para o fracasso. Em junho de 2017, Reed Hastings, o CEO da Netflix, falou em uma conferência de tecnologia: "Nossa proporção de *hits* é alta demais agora. Nós temos que nos arriscar mais... tentar mais coisas malucas... Nós deveríamos ter um nível mais alto de cancelamento de produções como um todo".[53]

OUSANDO SER PACIENTE

Inventar é qualquer coisa, exceto eficiente. É difícil, demorado e cheio de incertezas porque ninguém sabe quanto tempo mais vai demorar e quando a descoberta real chegará.

Copiar, seguir a sabedoria popular ou seguir o modelo dos melhores métodos seria muito mais fácil, mais rápido, muito mais certo e eficiente.

Bezos está bastante ciente da diferença entre as duas abordagens e entende perfeitamente a beleza da ineficiência do primeiro. Em suas palavras, este é o poder de "vagar": claramente não é eficiente, mas, de forma definitiva, importante para invenções, em especial para as "descobertas desmedidas, as 'não lineares'".[54]

É necessário ter paciência para esperar, às vezes por anos. Também é preciso coragem para dar de ombros aos longos períodos em que se é mal compreendido. Todas as invenções revolucionárias, inovadoras e modeladoras de comportamento do consumidor levaram anos para serem desenvolvidas: dois anos para lançar o primeiro serviço da AWS, três anos para o Kindle passar de desenvolvimento para o lançamento do produto, quatro anos e uma equipe de duas mil pessoas para o Echo, e "vários anos construindo o nosso próprio mecanismo de dados, Amazon Aurora, um serviço totalmente gerido e compatível com MySQL e PostgreSQL, com a mesma, ou melhor, durabilidade e disponibilidade dos mecanismos comerciais, mas a um décimo do custo".[55]

BUSQUE GRANDES IDEIAS CONTINUAMENTE

Todas as grandes invenções precisam começar com uma ideia, uma ideia brilhante, revolucionária ou aparentemente impossível. Então como a Amazon gera novas ideias de forma contínua e escolhe meticulosamente quais seguir?

BUSQUE IDEIAS DE TODO MUNDO

Muitas pessoas têm grandes inspirações. No entanto, muito desse brilhantismo potencial é desperdiçado como resultado do "viés da omissão", um fenômeno interessante destacado por Patrick Doyle, CEO da pizzaria Domino's desde 2010. Isto é, "a realidade é que a maioria das pessoas com uma nova ideia escolhe não ir atrás da ideia, porque se tentarem algo e não funcionar, o revés pode danificar a carreira delas".[56]

Como superar essa barreira e garantir que as pessoas com ideias novas, as grandes ideias, e as ideias aparentemente malucas tenham tanto a coragem quanto o canal para expressarem sua visão e serem ouvidas sem medo?

A Amazon inventou uma forma única, chamada de "a ferramenta de ideias", para acessar a criatividade e a imaginação dos funcionários. Qualquer um que tenha uma ideia pode enviá-la sem filtros de camadas de gerentes ou preocupações com viabilidade, seja do ponto de vista técnico ou financeiro.

Por exemplo, a ideia inicial, que mais tarde evoluiu para o serviço Prime, era na verdade uma proposta feita por um engenheiro de software júnior na Amazon, chamado Charlie Ward, em 2004. Seu pensamento era que a Amazon poderia "oferecer para as pessoas uma espécie de buffet livre de entregas rápidas e gratuitas".[57] Já no outono, a ideia havia suscitado entusiasmo entre outros empregados e atraiu a atenção de Bezos. De imediato fisgado por essa "grande ideia", Bezos convocou uma reunião no sábado, perto de sua casa, e lançou a jornada definidora de destinos da Amazon naquele instante. No final de 2018, a Amazon tinha mais de cem milhões de membros Prime ao redor do mundo,[58] o segundo maior número de inscritos pagos, apenas atrás da Netflix.[59]

Além das pessoas dentro da Amazon, Bezos também busca ideias de fora. Depois do sucesso inicial de venda de livros pela internet, Bezos "mandou um e-mail para mil clientes selecionados e perguntou a eles, além das coisas que vendemos hoje, 'o que você gostaria que nós vendêssemos?'".[60]

Uma vez que você tem as ideias, como selecionar aquela da qual ir atrás?

TEM QUE SER GRANDE, GRANDE MESMO

Na Amazon, a aventura ideal de criar não visa meramente cem ou mil pessoas. Bezos busca invenções que falem com bilhões de clientes e milhões de empreendimentos ao redor do mundo. Com a internet e a tecnologia digital, isso é tão factível quanto atraente economicamente. A receita de US$ 232,9 bilhões[61] por ano ainda é muito pequena. Como um todo, a Amazon ainda domina menos de 4% de todo o varejo nos Estados Unidos e menos de 1% do varejo do mundo todo.[62]

Em sua entrevista de 2017 com a *Fast Company*, Bezos disse: "Nosso trabalho é prover uma grande experiência para o cliente, e isso é algo que é desejado universalmente, pelo mundo inteiro". Por que universalmente? Por que pelo mundo inteiro? Porque esse é o tipo de escala que Bezos tem em mente.

Por que tão grande? Por causa da natureza arriscada da invenção, em que "fracasso e intenção são gêmeos inseparáveis". O que poderia compensar os numerosos fracassos pelo caminho? Uma vitória grande, como a AWS.

Além de uma grande base de clientes endereçável, o que mais poderia garantir grande escala? A resposta é "simples". Steve Jobs acreditava fielmente que o melhor design é o mais simples. Nesse quesito, Bezos concorda plenamente: "Simplicidade é a chave para o fácil, rápido, intuitivo e de baixo custo". Mais importante, "o simples é muito mais fácil de colocar em escala do que o complexo" (grifo nosso).[63]

É por isso que o terceiro Princípio da Liderança da Amazon, logo depois de obsessão pelo cliente e propriedade é: "Invente e simplifique".

Não é de se espantar que o primeiro serviço lançado pela AWS em 2006 foi *Simple Storage Service*, o serviço simples de armazenamento, e durante o processo inteiro de desenvolvimento Bezos constantemente lembrava o time de deixar tudo mais simples.

DEVE INVENTAR EM NOME DOS CLIENTES

A Amazon é famosamente obcecada pelos clientes porque eles são "divinamente insatisfeitos". Como Bezos escreveu "as pessoas têm um apetite voraz para uma melhor maneira, e o 'uau' de ontem rapidamente se torna o 'comum' de hoje".[64]

A Amazon também escolhe se concentrar em clientes em vez de concorrentes, pois: "Se você se concentra na concorrência, vai ter que esperar até ter um concorrente fazendo algo... Concentrar-se no cliente permite que você seja mais pioneiro".[65]

Ao focar no cliente e em suas insatisfações, você abre as comportas da inspiração sem-fim. Uma vez verdadeiramente obcecado por como deliciá-los de maneira contínua, você se surpreenderá com quantas ideias conseguem surgir.

Em relação a clientes, Bezos tem um nível de exigência muito alto. O que ele busca é uma experiência que dramaticamente exceda as expectativas do cliente, algo que há muito se acreditava impossível, e algo que gere um "uau" genuíno ou até mesmo um momento "mágico".

Em outras palavras, a Amazon inventa em nome dos clientes, em vez de esperar que os clientes digam o que querem.

"As coisas que mais impactam na Amazon são exatamente as coisas que os clientes não sabem pedir. Nós devemos

inventar em nome deles. Temos que acessar a nossa própria imaginação interna a respeito do que é possível. A AWS por si só – como um todo – é um exemplo." [66]

DEVE SER DISTINTIVAMENTE DIFERENCIADO

Para deleitar e surpreender clientes de forma constante, a ideia tem que ser distintivamente diferenciada das outras. É ainda melhor se for única ou aparentemente impossível. Bezos não tem interesse em ser um imitador ou oferecer um produto ou serviço copista. Antes de embarcar em uma ideia, ele se certifica de que na verdade é algo que valha a pena fazer, "queremos algo que seja unicamente Amazon" (grifo nosso).[67]

Bezos, portanto, encoraja fortemente que seu time sempre imagine o impossível. O Amazon Go é o exemplo perfeito. Perguntaram por anos para Bezos se a Amazon abriria lojas físicas, e sua resposta sempre foi "sim", mas apenas quando a Amazon arranjasse algo diferente. Este dia enfim chegou com a Amazon Go. Esse empreendimento exigia uma reimaginação completa de toda uma experiência do consumidor: entrar na loja, escolher o que é necessário e simplesmente sair, "filas irritantes e eternas" nunca mais.[68] Muitos clientes descrevem a experiência de comprar na Amazon Go como "mágica".[69]

É exatamente isso que a Amazon busca em grandes ideias.

CONSTRUA A IDEIA COM PACIÊNCIA

Em muitas empresas, uma vez que uma ideia atraiu com sucesso a atenção e o apoio de um executivo do topo ou do

CEO, implicando as aprovações de equipe e orçamento, é hora de pegar a estrada.

O modo Amazon é radicalmente diferente. Tudo começa com o comunicado à imprensa. Esse exercício formal permite que as pessoas pensem e cultivem a ideia, deixando-a mais robusta e mais específica, e executem essa grande ideia de um conceito simples para uma planta pronta para desenvolvimento. É um documento interno que analisa como o futuro seria com a execução bem-sucedida da ideia proposta.

Segundo John Rossman, um ex-executivo da Amazon, um mero comunicado à imprensa para a plataforma de vendas de terceiros seria assim:

> *"Amazon anuncia crescimento imenso em vendas de terceiros, deleitando clientes e vendedores."*

Seattle, WA: A Amazon anunciou hoje os resultados para os negócios de vendas de terceiros. Usando a plataforma de vendas de terceiros, clientes da Amazon agora conseguem comprar em diversas categorias de produto, incluindo roupas, artigos esportivos, decoração, joias e eletrônicos com uma seleção, preços e experiências incríveis, que se igualam aos pedidos realizados pela Amazon.

O cliente da Amazon agora pensa na empresa para qualquer necessidade de varejo graças ao setor de vendas de terceiros. "Mais de 30% dos pedidos da Amazon agora são vendidos e realizados por terceiros, estendendo-se por dez novas categorias de produtos", explicou o diretor de Integração de Mercado, John Rossman. "Nós lidamos com diversos empecilhos difíceis para tornar isso uma realidade bem-sucedida, sendo essencial o fato de que os vendedores tivessem uma ótima experiência. Os vendedores agora conseguem se registrar, listar os produtos a vender, receber e realizar pedidos durante a noite, sem sequer falar com alguém da Amazon".[70]

A partir desse documento de 142 palavras, pode-se ver três coisas com clareza que seriam de papéis fundamentais no desenvolvimento a seguir:

QUEM SÃO OS CLIENTES?

Na Amazon, cada projeto, seja de desenvolvimento, inovação ou invenção, deve começar com o cliente.

Perguntas potenciais a responder incluem: Quem são os clientes? Como eles vão usar isso? Qual é a nova experiência deles? Que experiência existente isso vai substituir? Quais mudanças serão necessárias que os clientes façam? Por que vão preferir? Quais são os benefícios aos olhos deles? Se os clientes não são os usuários finais, você precisa ir até os usuários finais e pensar nas mesmas perguntas de novo.

A Amazon sempre considera a experiência do cliente como um processo de ponta-a-ponta, cada ponto de contato (*touch point*) na jornada do cliente, independentemente de estar sob seu controle ou não. Os clientes não ligam para quem é o dono de que parte do processo, de quem são os indicadores-chaves de desempenho, ou de quem era o papel ou a responsabilidade. Se não gostam da experiência, eles vão para outro lugar. Portanto, as experiências do usuário final precisam ser igualmente ótimas, independentemente de que parte – vendedores de terceira ou da primeira parte (como a própria Amazon) – fornece o serviço.

QUAIS SÃO OS OBJETIVOS?

Dada a incerteza inata de desenvolvimento do produto, muitas empresas escolhem uma abordagem de "esperar para ver" no sentido de estabelecer objetivos. Na Amazon, os objetivos são levados a sério. Eles precisam ser ousados, específicos e mensuráveis.

Objetivos não podem ser uma fruta no pé que se pode alcançar facilmente. Eles têm que estar tão alto no céu que fiquem quase fora da vista de muitos, podendo ser alcançados apenas com esforços audaciosos. O que lidera a criatividade? Os desafios. Se alguma coisa fica fácil demais, a criatividade verdadeira das pessoas será deixada subutilizada ou até mesmo intocada.

Nos primeiros dias, a Amazon tinha tido dificuldades com vendas de terceiras partes. A porcentagem total de vendas de terceiros estava estagnada em 3% em 1999 e 2000. A *Amazon Auctions* e a *zShop*, duas tentativas de conquistar a arena de terceiros lançadas em 1999, falharam. Apesar de todas essas dificuldades, o time para a plataforma de vendas de terceiros estabeleceu seu objetivo em 30%, implicando um salto de dez vezes.

Na Amazon, antes do lançamento de qualquer projeto de novo produto ou serviço, o time deve estabelecer uma data específica de lançamento do comunicado à imprensa. Esse não é um compromisso firme que pode gerar demissões ou outras formas de punição se os proprietários da ideia não conseguirem lançar naquela data. Em vez disso, a disciplina de colocar a melhor estimativa na mesa – e em escrita formal – tem tremendo valor, como um mecanismo de pensar as coisas até o fim, levar uma proposta a sério e, quando se deparar com a dificuldade, se esforçar para fazer tudo humanamente possível para honrar o próprio comprometimento.

O Prime é um exemplo excelente. Quando Bezos decidiu lançar o projeto, ele estabeleceu a data de lançamento no próximo anúncio de lucros, deixando o time com apenas oito semanas para transformar a ideia imensa em uma solução impecável pronta para lançar.

Todos esses objetivos são ousados, específicos e, portanto, mensuráveis. Dessa forma, não há espaço de manobra para improvisar um resultado morno em um hit glamoroso ou pintar um fracasso como uma glória.

QUAIS SÃO OS OBSTÁCULOS?

Para converter uma grande ideia – uma que é distintivamente diferenciada, exclusiva da Amazon e até mesmo aparentemente impossível – na realidade nunca é fácil. Afinal de contas, deve haver dificuldades quase insuperáveis que impeçam que os outros tentem, ou sequer imaginem, a possibilidade de sucesso.

No caso da plataforma de vendas de terceiras partes, um empecilho inicial era como deixá-la o mais automatizada e com o máximo de autosserviço possível. Por que o time escolheu esse princípio de design apesar de todas as dificuldades? Porque essas qualidades maximizariam a capacidade de aumentar a escala, então poderia ficar muito, mas muito, grande.

Esse também é o motivo pelo qual a autorização e o controle de vendedores de terceiras partes também precisam ser automatizados.

A maioria das pessoas imaginaria que a forma mais fácil de ajudar vendedores de terceiras partes a operar melhor seus negócios e aumentá-los mais rápido seria conduzir treinamento ou oferecer ajuda específica por meio de veteranos em ligações, visitas locais ou coaching e consultoria. Essa não é a melhor abordagem sob esse princípio de design, então o time nem sequer se desviaria aí. Esse é exatamente o valor que um comunicado à imprensa bem pensado ofereceria: clareza e disciplina.

Como seria de se esperar, escrever um comunicado bem pensado à imprensa requer uma quantidade longa de tempo em um raciocínio aprofundado. Às vezes, pode demorar mais de dez iterações.

CONSTRUA O TIME COM CUIDADO

Depois do comunicado à imprensa ter sido compartilhado e discutido, e a grande ideia desenvolvida a partir de um conceito simples para uma planta pronta para desenvolvimento, é hora de selecionar um líder e montar um time para fazer acontecer.

A Amazon tem uma abordagem bem conhecida para dirigir desenvolvimento de projetos: o time de duas pizzas, ou, como a Amazon se refere, o T2P (em inglês, *2PT, two pizza team*). O T2P se refere a "grupos autônomos de menos de dez pessoas – poucas o suficiente para que, quando forem trabalhar até tarde, possam ser alimentadas com duas pizzas".[71]

Muitas pessoas levam o conceito literalmente, por exemplo, com tamanhos dos times de, em geral, seis a dez pessoas. Como Bezos pontuou repetidamente, se você não consegue alimentar um time com duas pizzas, o time é provavelmente grande demais.

Será que o tamanho de um time é a única coisa que importa? É claro que não.

CRIE UM TIME DE IMERSÃO TOTAL

Na Amazon, um time de projeto com missão clara e objetivos específicos precisa ser multifuncional, em tempo integral e com localização compartilhada. É uma experiência de imersão total com o time constantemente trabalhando junto, hora após hora, dias e noites e, em alguns casos, meses e anos.

Por quê? A criatividade vem das interações das pessoas; inspiração vem de concentração intensiva. Assim como uma *startup*, o time fundado originalmente se amontoa em uma garagem, experimentando, iterando, discutindo, debatendo, tentando e reiterando, de novo e de novo. Uma ideia dispara outra, uma inspiração acende outra, e, mais cedo ou mais tarde, uma descoberta definidora de destinos vem.

Muitas empresas que querem adotar a abordagem T2P de fato montam equipes com seis a dez pessoas, mas em geral fracassam em fazer com que sejam interfuncionais, em tempo integral e com localização compartilhada. Quando todos os membros da equipe têm seus empregos em tempo integral e diversas avaliações de desempenho para entregar, sua participação no projeto, não importa quão crucial seja, está fadada a se reduzir em algo semelhante a atividades extracurriculares para uma ou duas horas aleatórias em cada semana. Eles não têm escolha a não ser sair dos encontros semanais do time se o dever chamar. É por isso que o comparecimento total em reuniões de times é tão raro. Na maioria dos casos, mesmo quando de fato aparecem, a mente das pessoas estão em outro lugar.

Em resumo, os projetos podem muito bem estar no topo de suas prioridades para a empresa, mas sem dedicação em tempo integral e concentração com localização compartilhada, os indivíduos nunca veem dessa forma.

ESCOLHA O LÍDER DE TIME CERTO

O líder certo pode não garantir sucesso, mas o líder errado certamente garantirá fracasso. Em cada uma das maiores descobertas da Amazon, você vai encontrar um líder forte.

De volta a 1999, quem liderou a logística da Amazon e transformou a realização em uma competência central? Jeff Wilke. Ele agora é o CEO da Worldwide Consumer. Na realidade, *Fullfilment By Amazon* (FBA), a realização pela Amazon, se tornou uma importante infraestrutura capacitadora para os parceiros de ecossistema da Amazon.

Quem liderou a missão para criar o Kindle e se devotou completamente ao corajoso e audacioso empreendimento para dentro do desconhecido, mesmo quando isso queria dizer "acabar com o seu próprio negócio"? Steve Kessel. Ele agora é o vice-presidente sênior das lojas físicas.

Quem liderou a invenção de serviços de nuvens e transformou a AWS em um negócio de US$ 26,7 bilhões de lucro?[72] Andy Jassy. Ele agora é o CEO da AWS.

Todos os três são, hoje em dia, membros do time S liderados por Bezos pessoalmente.

Nada supera a pessoa errada. Nas mãos erradas, grandes ideias não desabrocharão.

REFORCE A PRESTAÇÃO DE CONTAS DE PONTA-A-PONTA

Na maioria das empresas, quando as coisas dão errado, apontar culpados se torna um teatro de rotina.

Por exemplo, quando um produto novo para de entregar lucro e lucros esperados depois de três anos tentando, o time de pesquisa e desenvolvimento será responsabilizado por outros pelo design ruim, o time de vendas será culpado por resultados ruins, e o time de produto será culpado por julgamentos ruins a respeito do mercado e mau entendimento das necessidades dos clientes. Algum dano colateral será inevitável durante esse tiroteio.

Na Amazon, o time de projeto é responsabilizado de ponta-a-ponta (e2e),***** o que quer dizer que sua propriedade se estende desde o conceito até o design, desenvolvimento, teste, lançamento e operação pós-lançamento.

Por quê? Bezos acredita no princípio de "coma a comida de seu cachorro". Isso é um mecanismo para impor responsabilidade cristalina para todos, com lugar algum para se esconder, ninguém para acusar.

* * * * * * * *

*****O acrônimo e2e refere-se à expressão ponta-a-ponta em inglês: *end-to-end*. [N.T.]

Bezos claramente está acertando em construir uma máquina de inventar na Amazon que é capaz de gerar de forma contínua invenções revolucionárias, que mudam as regras do jogo e moldam o comportamento do consumidor, criando novos espaços de mercado e oportunidades econômicas de magnitude maciça.

Como Bezos anunciou com orgulho: "invenção está em nosso DNA"[73] e "invenções se tornaram a segunda natureza da Amazon".[74]

No entanto, seu trabalho está longe de estar terminado. Bezos precisa permanecer vigilante, constantemente em guarda contra as armadilhas sutis que poderiam quebrar essa máquina de invenções incrível. Entre todas as armadilhas possíveis, ele destacou a tomada de decisões como particularmente importante.

> *"Queremos ser uma empresa grande, que também seja uma máquina de invenções... Se podemos fazer? Sou otimista... mas não acho que será fácil. Há algumas armadilhas sutis em que até mesmo organizações grandes de alta performance caem... e nós temos que aprender, enquanto instituição, como nos guardar contra elas. Uma arapuca comum para grandes organizações – uma que fere a velocidade da inventividade – é a tomada de decisões 'de tamanho único.'"*[75]

Tomada de decisões longas junto a camadas de processos de aprovação sem-fim podem cansar um lutador, extinguir um fogo criativo e murchar a paixão por invenção. Plenamente ciente dos riscos possíveis, como a Amazon criaria um mecanismo de tomada de decisões para resolver o problema do "tamanho único"?

Vamos explorar isso no capítulo a seguir: "Decisões em alta velocidade e de alta qualidade".

REFLEXÕES E IDEIAS A CONSIDERAR PARA SUA EMPRESA

DESTAQUES DO CAPÍTULO
FUNDAMENTO 5

As decisões da Amazon são de alta qualidade, em alta velocidade, e seguem de forma estrita uma série de princípios claramente articulados e conjuntos de ferramentas desenhados e aplicados com consistência surpreendente pela organização.

DECISÕES TIPO 2: VELOCIDADE IMPORTA

Não use um "tamanho único"
Não tome todas as decisões sozinho
Não espere por todas as informações
Deixe que o dono da métrica tome a decisão
Da aprovação sequencial à paralela
Digitalize decisões rotineiras baseadas em matemática

DECISÕES TIPO 1: CONCENTRE-SE EM POUCAS

Encontre a melhor verdade
Imagine a mudança possível
Combata o pensamento de manada
Tenha firmeza; discorde e se comprometa
Minimize arrependimentos
E se uma decisão der errado?

AUMENTE A ESCALA DA TOMADA DE BOAS DECISÕES

Cristalize princípios consistentes
Especifique a metodologia consistente: narrativas
Reforce a abordagem consistente em todas as decisões

FUNDAMENTO 5: DECISÕES EM ALTA VELOCIDADE E DE ALTA QUALIDADE

Na maioria das empresas pré-era digital, a tomada de decisões é lenta. Esse fato será familiar para grande parte dos leitores a partir de sua própria experiência.

No esquema tradicional, pouquíssimas pessoas no topo da hierarquia, normalmente CEO, CFO e o líder de estratégia, sabem da imagem total e, portanto, são capazes de tomar uma decisão correta com todos os fatores certos levados em consideração. Como resultado, uma tomada de decisão tão burocrática – com participações especiais de camadas extensas de aprovações, politicagem intensa entre silos, longas influências do sistema por todos, e falta de transparência dos dados (em especial, sem dados dos clientes como elemento motriz da tomada de decisões) – não apenas é de baixa velocidade, mas também pode ser de baixa qualidade.

Esses processos fazem um tipo de sentido muito próprio, já que foram desenhados essencialmente para comando e controle, não para velocidade e agilidade, como no caso de seus equivalentes digitais.

Além disso, as decisões tomadas pela Amazon não apenas são de alta velocidade e qualidade, mas também de alta escala, com um grupo de princípios claramente articulados e metodologia planejada de maneira exclusiva, empregados com consistência impressionante pela organização.

Como a Amazon pode atualizar a sua tomada de decisão e obter os três objetivos aparentemente conflitantes de velocidade, qualidade e escala ao mesmo tempo?

DECISÕES TIPO 2: VELOCIDADE IMPORTA

Bezos estabeleceu velocidade como a principal prioridade tanto para si quanto para executivos seniores. "O time sênior na Amazon está determinado a manter alta a velocidade de nossa tomada de decisões."[76] Como fazer isso?

NÃO USE UM "TAMANHO ÚNICO"

Bezos categorizou todas as decisões como dois tipos e estabeleceu perfis diferentes de processos de tomada de decisão, dependendo se elas eram uma decisão do tipo 1 ou tipo 2.

Decisões do tipo 1 se referem àquelas que são "consequentes e irreversíveis, ou quase irreversíveis – portas de mão única... Se você entrar e não gostar do que vê do outro lado, não consegue voltar para onde estava antes".[77]

Por causa das implicações de longo prazo, Bezos sugeriu que decisões do tipo 1 devem passar por um processo pesado para garantir que são de boa qualidade. "Essas decisões devem ser feitas metodicamente, com cuidado, devagar, com grande deliberação e consulta."[78]

No entanto, a maioria das decisões não é assim.

Decisões do tipo 2 se referem àquelas que são "mutáveis, reversíveis: são portas de mão dupla. Se você tomou uma decisão mediana do tipo 2, não precisa viver com as consequências por tanto tempo. Você pode reabrir a porta e voltar".[79]

A distinção entre esses dois tipos de decisões e os diferentes tipos de mecanismos de tomada de decisão associados com cada uma deve ser cristalina. Aplicar o processo pesado em decisões do tipo 2 levará à lentidão, à aversão a risco, à incapacidade de experimentar suficientemente e a invenções diminuídas. Ao mesmo tempo, tomar decisões do tipo 1, com leveza, é um erro imenso: um erro fatal em decisões do tipo 1 pode levar à extinção.

NÃO TOME TODAS AS DECISÕES SOZINHO

Como CEO, você deveria identificar e delegar as decisões do tipo 2, já que elas "podem e devem ser tomadas rapidamente por indivíduos de bom juízo ou pequenos grupos".[80]

Não importa quão trabalhador você ou seu time do topo sejam, todo mundo ainda tem apenas 24 horas em um dia. Parta do princípio de que se seu negócio continuar a crescer, e a tomada de decisão ainda se concentrar apenas no topo, mais cedo ou mais tarde você vai se tornar o maior gargalho para o crescimento rápido.

É claro, você precisa pensar com cuidado a respeito de a quem delegar, e como fazer o indivíduo ou pequeno grupo em questão ser bem-sucedido. Juntar várias pessoas relevantes em um comitê permanente, como muitas empresas tradicionais fazem, sem o apoio necessário dos dados certos no formato correto, responsabilidade clara ou coaching oportuno, não terminará bem.

NÃO ESPERE POR TODAS AS INFORMAÇÕES

Na guerra, quando o tempo é ainda mais crítico, o ex--secretário de Estado e general aposentado com quatro estrelas, Colin Powell, defendia uma regra de 40-70: se você tem menos de 40% da informação, você não deveria tomar uma decisão. Mas se você esperar ter mais do que 70% da informação, você esperou demais. Uma vez que a informação estiver entre 40 e 70, siga seu instinto.[81]

Nos negócios, Bezos usava uma regra de 70-90. Ele declarou que "a maioria das decisões provavelmente deveria ser feita em algum lugar entre 70% da informação que você queria ter. Se você esperar por 90%, em grande parte dos casos, você estará sendo devagar. Além disso, de qualquer forma, você precisa ser bom em reconhecer e corrigir de maneira rápida as decisões ruins. Se você é bom em corrigir rotas, estar errado pode ser menos custoso do que você imagina, enquanto ser lento será com certeza caro".[82]

Na realidade, a Amazon tem uma vantagem embutida dessa forma. A transparência e a detecção de anomalias de dados em tempo real, permitidas por dados e métricas alimentados por IA, tornam-se extremamente úteis.

DEIXE QUE O DONO DA MÉTRICA TOME A DECISÃO

Na Amazon, cada operação tem um conjunto de métricas para garantir excelência operacional, e cada métrica tem um proprietário designado.

Dessa forma, o proprietário da métrica é o único ponto de responsabilidade, então não há mais acusações; o dono tem acesso total aos dados e análises relevantes, logo, nada mais de ser impedido por informações parciais; e o dono tem uma autorização clara para tomar as iniciativas de correção, com no máximo uma camada para aprovação a fim de não haver mais peso ao tomar decisões.

Se colaboração interfuncional for requerida, o proprietário da métrica está tanto obrigado quanto capacitado a convencer os outros usando análise de dados. Se a experimentação for requerida ao encarar o desconhecido, o proprietário da métrica pode usar pilotos de feedback rápidos e de baixo custo usando análise de dados. Se a correção de curso for necessária, o dono da métrica pode solicitar opiniões valiosas e ganhar aprovações de outros durante revisões semanais mais uma vez usando análises de dados.

Em resumo, tal transparência de dados, clara prestação de contas e autorização libertadora capacitam o proprietário das métricas para identificar fracassos, chegar ao cerne das causas e tomar ações corretivas de forma mais rápida.

Isso é de importância crucial para a velocidade e a agilidade requerida na era digital. Sobretudo, isso é impossível sem as pessoas certas (fundamento 2) que estão equipadas com os dados movidos por IA e sistema de métricas (fundamento 3).

DA APROVAÇÃO SEQUENCIAL À PARALELA

Tomada de decisões rápidas não quer dizer se livrar de guardiões necessários.

Para decisões do tipo 2, quando funções múltiplas precisam estar envolvidas na aprovação, você pode transformar o processo sequencial tradicional em uma operação paralela para a tomada de decisões em alta velocidade.

Por exemplo, na Amazon, times de projetos são livres para escolher entre serviços internos e vendedores externos. Pela seleção e aprovação sequenciais tradicionais, isso poderia demorar de dois a três meses.

Para garantir velocidade, a Amazon forma um time multifuncional composto de pessoas de compras, tecnologia, finanças, jurídico e outras funções requeridas.

Com um time assim montado, o longo processo de aprovação sequencial é trocado por uma discussão eficaz em grupo, com todos os fatos, análises, perspectivas relevantes, tudo efetivamente considerado e decidido de forma eficaz.

Para a maioria dos casos, o envolvimento de várias funções, várias camadas e várias pessoas nos processos de aprovação pode prevenir prestação de contas cristalina. Quando uma pessoa é nomeada para ser a responsável, as decisões acontecem mais rápido. Por exemplo, na Amazon, cada time de projeto recebe um executivo sênior como apoiador do projeto. Um nível de aprovação de uma única pessoa sempre acelera a tomada de decisões.

DIGITALIZE DECISÕES ROTINEIRAS BASEADAS EM MATEMÁTICA

Os dados poderosos da Amazon, métricas e ferramentas movidas por IA querem dizer que muitas decisões sofisticadas, mas rotineiras, que costumavam ser lidadas apenas por veteranos da indústria, com décadas de experiência e expertise, agora podem ser digitalizadas.

Um exemplo típico: como gerenciar compra de inventário. O equilíbrio certo tem que ser encontrado no gerenciamento de necessidades conflitantes de manter estoque suficiente para garantir disponibilidade imediata para clientes e a rotatividade de inventário o mais alta possível, mantendo, ao mesmo tempo, o nível de inventário e os custos associados a ele o mais baixo possível.

Dada a disponibilidade de quantidades vastas de dados históricos a respeito de pedidos de clientes, volatilidade sazonal, velocidade de reposição de vendedores, e todas as análises movidas por IA e ferramentas de predição, essa é uma rotina típica baseada em matemática que pode ser amplamente digitalizada.

No mesmo espírito, decisões como a localização e a escolha do próximo centro de realização há muito foram digitalizadas, como mencionamos no capítulo de dados movidos por IA e sistema de métricas (fundamento 3).

DECISÕES TIPO 1: CONCENTRE-SE EM POUCAS

Enquanto poderosas ferramentas digitais podem, de fato, nos libertar de muitas decisões rotineiras e baseadas em matemática, nem todas as decisões podem ser delegadas ou digitalizadas.

Então, o que nós deveríamos fazer com as importantes decisões do tipo 1? Essas poucas decisões, apesar de pequenas em números absolutos, são de via única, consequenciais e definidoras de destinos, com frequência muito controversas e inevitavelmente acabam em debates acalorados.

Há muitos exemplos assim na história de vinte e cinco anos da Amazon. Nos casos de invenções revolucionárias, não há precedente a seguir, nenhum luxo de dados históricos sólidos para analisar. Não havia nenhum mapa da mina a seguir, por exemplo, quando Bezos tomou a decisão de entrar no mercado degolador de eletrônicos sem experiência alguma com hardwares; uma decisão que levou à invenção do Kindle e acelerou o empreendimento da Amazon para o Echo e a Alexa.

Para essas decisões difíceis tipo 1, quem deveria prestar contas?

Para Bezos, a resposta é cristalina. Ele mesmo, como fundador e CEO da Amazon, é o primeiro e, acima de tudo, o líder oficial de tomada de decisão. Em uma entrevista ano passado, Bezos disse: "Como executivo sênior, você é pago para tomar um pequeno número de decisões de alta qualidade. Seu emprego não é tomar milhares de decisões todos os dias".[83]

Uma vez que a prestação de contas seja esclarecida, como você garante alta qualidade e alta velocidade para essas decisões?

ENCONTRE A MELHOR VERDADE

Em muitas organizações de legado, em virtude do atraso, distorção e manipulações inevitáveis pelas camadas de informação retransmitida de baixo para cima, muitas decisões são tomadas longe da verdade, a verdade completa, e nada além da verdade.

Por exemplo, no desastre da Challenger, o Prêmio Nobel Richard Feynman revelou a verdade simples por meio de seu famoso experimento com um grampo do tipo C, deixando cair um pedaço de material de anel de vedação espremido com o grampo C dentro de água gelada.[84] Isso revelava que o teto de borracha poderia congelar, rachar e quebrar facilmente na temperatura fria (31°F/-0.5°C) durante o lançamento, algo que não havia sido considerado devidamente no processo de tomada de decisão.

Se essa informação crítica e a correspondente alta probabilidade de resultados devastadores tivessem sido trazidas para o centro das atenções dos decisores finais, a tragédia poderia ter sido evitada.

Em um artigo de 2013 na *HBR* (*Harvard Business Review*), o braço direito de Bezos, Rick Dalzell, disse que uma das duas coisas que Bezos faz melhor que qualquer um é que "ele tenta encontrar a melhor verdade o tempo todo".[85] Isso pode parecer óbvio demais para ser mencionado, mas na realidade é um grande desafio para organizações tradicionais, normalmente caracterizadas por uma hierarquia estrita, gestão por medo e *modus operandi* de comandar e controlar.

IMAGINE A MUDANÇA POSSÍVEL

Além da melhor verdade em um senso estático, Bezos dá um passo além, por exemplo, sempre usando perspectiva voltando do futuro, pensando a respeito de como as coisas vão mudar ao ir em frente.

Por exemplo, ainda em 2005, a maioria dos executivos da Amazon se opunha a Bezos em relação ao lançamento do Prime. Brad Stone, na verdade, usou a expressão "quase sozinho" para se referir à luta solitária que Bezos tinha na época.

As objeções eram bem fundamentadas. Dado o custo logístico de US$ 8 por pedido, e imaginando vinte pedidos por ano em média de cada usuário do Prime, custaria US$ 160 por ano em envios – mais do que o dobro da taxa de inscrição de US$ 79. O executivo da Amazon, Diego Piacentini, se lembrou: "Cada uma das análises financeiras disseram que estávamos completamente malucos em dar frete de até dois dias de graça".[86]

Então o que deu a Bezos uma convicção tão firme apesar dos cercos de todos os lados?

O fator-chave que gostaríamos de explorar é o custo de logística. Como você vê, a maioria das pessoas pensa em um sentido estático e linear, então elas apenas veriam que o custo de logística é de US$ 8 por pedido.

Mas Bezos pensa de outro jeito. Diferentemente do *status quo*, ele visiona o futuro e trabalha de lá para cá para criar uma estratégia a fim de fazê-la funcionar ao lançar a pergunta óbvia, mas comumente negligenciada: **como isso vai mudar?**

Na época, Bezos acreditava firmemente que o custo de logística, apenas um dos fatores na jogada aqui, diminuiria e, em uma perspectiva holística futura, o Prime se tornaria lucrativo.

Por quê? Porque quando os clientes gastassem mais, o volume da Amazon aumentaria, e a escala aumentada poderia ajudar a Amazon a negociar preços mais baixos de frete para vendedores e diminuir a quantidade de alocação de custo fixo em cada envio. Além disso, com uma atualização constante, o sistema de logística da Amazon continuaria a "diminuir os seus custos de transporte em porcentagens de dois dígitos a cada ano".[87] Ainda, maior gasto por cliente e valor mais alto por pedido geraria lucros brutos mais altos do que o que seria necessário para cobrir os custos de envio.

Na verdade, Bezos se provou correto. Pesquisas da Morgan Stanly[88] descobriram que, em média, membros Prime gastaram 2,7 vezes mais do que membros não Prime, e membros Prime na verdade desfrutavam uma margem de 19% depois de deduzir custos logísticos.

COMBATA O PENSAMENTO DE MANADA

Bezos reconhece tão bem a fraqueza humana embutida na tomada de decisão, os vieses subsequentes e os erros de julgamentos (independentemente de quão excelente a pessoa seja) que coloca ênfase imensa em lutar contra a conformidade, desafiar o pensamento de grupo e resistir à importância superestimada da harmonia.

Ele espera que as pessoas o desafiem. Demanda claramente uma discussão de qualidade em que as pessoas tragam novas ideias, perspectivas diferentes e, ainda melhor, pensamento disruptivo. Ele "acredita que a verdade vem à tona quando ideais e perspectivas são chocadas umas contra as outras, às vezes com violência".[89]

Na Amazon, pessoas com espírito de equipe não são definidas como "pessoas que concordam com o consenso do grupo".[90] Em vez disso, os líderes são "obrigados a desafiar respeitosamente decisões quando discordam, mesmo quando fazer isso seja desconfortável ou exaustivo; eles não encontram meios-termos só pelo bem da coesão social" (grifo nosso).[91] As pessoas na Amazon tendem a entender essa obrigação, não apenas com a empresa, mas também com o cliente e o investidor.

Muitos CEOs afirmam que são abertos e convidativos para pontos de vista diferentes. Mas, a não ser que você realmente faça o que prega, as pessoas temerão a síndrome de "atirar no mensageiro".

TENHA FIRMEZA; DISCORDE E SE COMPROMETA

Por mais que ter todos os indivíduos envolvidos concordando com decisões-chave seja bom, há um custo em fazer disso uma política. Certamente, todo mundo consegue se lembrar de experiências incontáveis de tomadas de decisões adiadas em razão de objeções de uma ou duas pessoas.

Na maioria das empresas funcionalmente organizadas, decisões cruciais são tomadas por líderes em comitês ou buscando consenso entre os participantes que são executivos funcionais dedicados. Esses envolvidos raramente têm uma imagem integrada do cliente e, como resultado, em vez de alguém assumindo responsabilidade total para decidir, o grupo toma decisões baseadas no consenso em geral inadequadas em qualidade, lentas em velocidade e sem prestação de contas individual.

Um problema assim pode ser altamente exacerbado quando decisões têm tanto incerteza inata quanto urgência pressionadora. Ninguém é vidente, ninguém pode ter 100% de certeza em relação ao que vai acontecer em três ou cinco anos no futuro. Como resolver esse impasse?

Bezos sugeriu a expressão "discorde e se comprometa" como uma maneira heurística de economizar tempo. Ele observa que depois de todos os fatos terem sido considerados, e todos os pontos de vista expressos, "se você tem uma convicção em uma direção em particular, mesmo que não haja consenso, é útil dizer: 'Olhe, sei que discordamos nisso, mas você apostaria nisso contra mim? Discordar e se comprometer?' No momento em que você chega a esse ponto, ninguém consegue saber com certeza a resposta, e você provavelmente vai obter um rápido sim".[92]

Essa não é uma abordagem unilateral, mas bilateral. Líderes podem usar essa abordagem para tomada de decisões rápidas e, na verdade, devem estar preparados para praticar o princípio por si só. Por exemplo, quando Bezos e o time tiveram visões diferentes em relação a um original em particular da Amazon Studios, o próprio Bezos escolheu dar o sinal verde ao seguir o "discordar e comprometer". Permanecer consistente para seus princípios comprometidos nesse caso economizaram ao grupo tempo e recursos imensos.[93]

MINIMIZE ARREPENDIMENTOS

Ao se deparar com decisões de alto risco que definem destinos e de imensa incerteza, Bezos irá recorrer à arma final em seu escudo de tomada de decisões: a estrutura de minimização de arrependimentos.

Ele explicou: "Todas as minhas melhores decisões de negócios e na vida foram tomadas com coração, intuição, meus pressentimentos e, você sabe, não análise. Se você pode tomar uma decisão com análise, você deve fazer isso, mas acontece que, na vida, as decisões mais importantes são sempre tomadas com instinto, intuição, gosto e coração. Quando eu tiver 80 anos, quero ter minimizado o número de arrependimentos que tenho na vida. Nossos arrependimentos são atos de omissão, são coisas que não tentamos, é a rota que não tomamos. Essas são as coisas que nos assombram".[94] Foi assim que Bezos tomou sua decisão definidora de destino vinte e cinco anos atrás quando a internet ainda estava engatinhando: se continuava com sua carreira em Wall Street ou embarcava em uma aventura desconhecida de começar seu próprio negócio.

E SE UMA DECISÃO DER ERRADO?

Em sua primeira Carta aos Investidores em 1997, Bezos declarou: "Nós tomaremos decisões de investimento ousadas em vez de tímidas onde enxergarmos probabilidade suficiente de ganhar vantagens de lideranças de mercado. Alguns desses investimentos se pagarão, outros não, e nós teremos aprendido uma lição valiosa em qualquer um dos casos".

Uma decisão errada pode não ser exterminadora de carreiras na Amazon, mas Bezos se certificará de que a lição seja bem aprendida.

Então, o que é único a respeito da forma da Amazon de aprender uma lição? A arma secreta é considerar opiniões. As pessoas ouvirão perguntas a respeito de quais fatores deveriam ter sido considerados (e possivelmente não foram), que tipo de suposições foram feitas (e por que algumas delas não eram razoáveis), em que descoberta tecnológica crítica se apostou (e por que não resultou como esperado), entre outras.

Muito mais importante do que essa análise *post-mortem* é o ajuste no meio do caminho. Bezos disse: "Você precisa ser bom em correção de rota, estar errado pode ser menos custoso do que você pensa, enquanto ser lento será certamente caro".[95]

AUMENTE A ESCALA DA TOMADA DE BOAS DECISÕES

Em essência, a tomada de decisões é uma questão de fazer escolhas.

Sem cultivo deliberado, todos terão respostas diferentes baseados em preferências. Isso é natural.

No entanto, para questões relacionadas a negócios, Bezos demanda boa tomada de decisões de todos na Amazon, seguindo os mesmos princípios e metodologias.

Então aqui vem a pergunta de um bilhão de dólares: como criar escala de tomada de decisões em alta velocidade e de alta qualidade?

CRISTALIZE PRINCÍPIOS CONSISTENTES

Em sua primeira Carta aos Investidores, Bezos escreveu: "Por causa de nossa ênfase no longo prazo, podemos tomar decisões e pesar uma troca de forma diferente de algumas empresas. Da mesma forma, queremos compartilhar com vocês nossa gestão fundamental e abordagem de tomada de decisões para que vocês, nossos investidores, possam confirmar que é consistente com a nossa filosofia de investimentos:

• Vamos continuar a nos concentrar implacavelmente em nossos clientes.

• Vamos continuar a tomar decisões de investimento sob a luz de consideração de liderança de mercado no longo prazo, em vez de considerações de lucratividade de curto prazo ou reações de curto prazo de Wall Street.

• Vamos continuar a medir nossos programas e a eficácia de nossos investimentos analiticamente para abandonar aqueles que não geram retornos aceitáveis e para aumentar investimentos naqueles que funcionam. Vamos continuar a entender tanto de sucessos quanto de fracassos.

• Tomaremos decisões de investimento ousadas em vez de tímidas, em que vemos uma probabilidade suficiente de ganhar vantagens de liderança de mercado.

Alguns desses investimentos vão se pagar, outros não, e nós teremos aprendido uma lição valiosa em qualquer caso.

- Ao sermos forçados entre otimizar a aparência de nossos balanços (GAAP nos Estados Unidos)[******] e maximizar o valor presente de fluxos de caixa futuros, vamos optar por fluxos de caixa.

- Vamos compartilhar nossa linha de pensamento estratégico com vocês quando tomarmos decisões ousadas (na extensão que as pressões competitivas permitirem), para que vocês possam avaliar sozinhos se estamos fazendo investimentos de liderança de longo prazo.

- Vamos trabalhar muito para gastar com sabedoria e manter uma cultura enxuta. Entendemos a importância de reforçar de maneira contínua uma cultura ciente de custos, particularmente em um negócio que gera perdas brutas.

- Vamos equilibrar nosso foco em crescimento com ênfase em lucratividade de longo prazo e gestão de capital. Nesse estágio, escolhemos priorizar crescimento porque acreditamos que a escala é central para atingir o potencial de nosso modelo de negócios.

- Continuaremos a nos concentrar em contratar e reter funcionários versáteis e talentosos, e continuaremos a pesar suas compensações em ações em vez de dinheiro. Sabemos que nosso sucesso será altamente afetado por

---

[******]*Generally Accepted Accounting Principles*, que, em português, refere-se a Princípios Contábeis Geralmente Aceitos. É o conjunto de regras contábeis de um determinado território. [N.T.]

nossa habilidade de atrair e reter uma base de funcionários motivada, cada um dos quais deve pensar como, e portanto agir como, um proprietário".[96]

É difícil tomar boas decisões e é muito mais difícil cristalizar princípios de tomada de decisões. Apenas imagine quanta dor e esforço isso requer. Apenas tente nomear quem mais fez isso. A lista não será longa.

Então por que Bezos escolheu fazer isso? Por que escolheu falar tão alto e claro, não deixando nenhum espaço de manobra para si mesmo no futuro?

Esse manifesto inequívoco, específico, observável e verificável como estava, permitia que investidores tomassem decisões de investimento informadas em relação à Amazon. Também dava aos clientes o catecismo das decisões da empresa para que estivessem mais dispostos a construir uma relação de longo prazo com a Amazon baseada em confiança.

No entanto, mais importante, esse grupo de princípios transparente e altamente compartilhado é para todos os empregados atuais e futuros da Amazon: um conjunto de princípios amplamente compartilhado e cristalino para que cada um deles possa entender a lógica de tomada de decisões e ser capaz de fazer a escolha certa quando o dever chamar.

ESPECIFIQUE A METODOLOGIA CONSISTENTE: NARRATIVAS

O dia 9 de junho de 2004 testemunhou uma inovação brilhante em práticas de gestão de recursos humanos. Tudo começou com um e-mail de Bezos: fim de apresentações em PowerPoint daquele momento em diante no *S-team* (o time de executivos centrais da Amazon, incluindo Bezos, e aqueles que respondiam a ele de forma direta e dois executivos seletos de dois níveis abaixo). Daquele dia em diante, a Amazon começou uma cruzada contra a divisão em tópicos, e embarcou em uma jornada rumo ao que seria conhecido como "Narrativas de Seis Páginas"[97] (às vezes, apenas duas páginas).

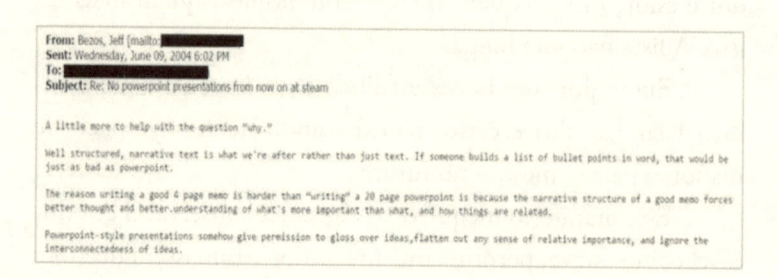

```
From: Bezos, Jeff [mailto:
Sent: Wednesday, June 09, 2004 6:02 PM
To:
Subject: Re: No powerpoint presentations from now on at steam

A little more to help with the question "why."

Well structured, narrative text is what we're after rather than just text. If someone builds a list of bullet points in word, that would be
just as bad as powerpoint.

The reason writing a good 6 page memo is harder than "writing" a 20 page powerpoint is because the narrative structure of a good memo forces
better thought and better understanding of what's more important than what, and how things are related.

Powerpoint-style presentations somehow give permission to gloss over ideas, flatten out any sense of relative importance, and ignore the
interconnectedness of ideas.
```

"Um pouco mais de ajuda com a pergunta do 'porquê'.

Texto narrativo e bem-estruturado é o que buscamos, mais do que apenas texto. Se alguém cria uma lista de tópicos em um mundo, isso seria tão ruim quanto um PowerPoint.

O motivo por trás de escrever um bom memorando de quatro páginas ser mais difícil do que 'escrever' um PowerPoint de vinte páginas é porque a estrutura narrativa de um bom memorando força melhor o pensamento e entendimento do que é mais importante que o 'quê', e como as coisas se relacionam.

Apresentações estilo PowerPoint, de alguma forma, dão permissão de escamotear algumas ideias, achatar algum senso de importância relativa e ignorar o aspecto interconectado das ideias."

Você pode rir dessa ideia, e duvidar seriamente do significado dessa metodologia, em especial na era atual em que o PowerPoint se tornou virtualmente o segundo idioma dos negócios. Você não está sozinho. Em algumas empresas, existe um departamento funcional cujo único trabalho é produzir apresentações de PowerPoint.

Mas Bezos falava sério. Isso não era uma extravagância caprichosa, mas uma decisão pensada por completo, em particular pelo fato de que as discussões e iterações requeriam que se produzisse um memorando de seis páginas de alta qualidade, podendo demorar uma semana ou mais. O próprio Bezos reconheceu que produzir documentos assim não era uma tarefa fácil. "Memorandos excelentes são escritos e reescritos, compartilhados com colegas a quem se pede para melhorar o texto, deixados de lado por alguns dias, e então editados de novo com a mente fresca. Eles simplesmente não podem ser feitos em um dia ou dois."[98]

Muitas pessoas na Amazon se lembram vividamente dessa prática até mesmo muito tempo depois de partirem. John Rossman, um ex-executivo da Amazon, escreveu: "Não consigo dizer a você quantos dos meus fins de semana foram consumidos com esse processo de escrita e edição".[99]

Então por que Bezos estava disposto a fazer um investimento tão grande do tempo e esforço das pessoas? E por que as pessoas na Amazon reverenciam tanto esse método e acham que vale seus dias, noites e fins de semana?

Como Bezos observou em uma entrevista em 2012 com Charlie Rose, "quando você tem que escrever suas ideias em frases completas e parágrafos inteiros, isso força uma clareza mais aprofundada de pensamento". Esse é um grande contraste com tópicos estilo PowerPoint que dão pouca informação. "Isso é fácil para o apresentador, mas difícil para a audiência", explicou Bezos.

Escrever narrativas de seis páginas força o autor a conduzir uma análise completa, distinguir entre nuances sutis, articular a lógica interna, estabelecer prioridades para várias ideias e assumir a responsabilidade total por propostas específicas. Não há espaço para manobra, nenhum canto para se esconder, nenhum porto seguro. Todo mundo deveria colocar "algo em jogo" e prestar contas a respeito.

Não apenas recém-chegados à Amazon se surpreendiam ao aprender a respeito do banimento do PowerPoint, mas também se chocavam ao aprender que quase todas as reuniões na Amazon começavam com os presentes sentados em silêncio e lendo as narrativas por quinze a trinta minutos.

Por que nenhuma apresentação, só leitura? Bezos disse: "Executivos são muito bons em interrupções... A pessoa chegará à metade da apresentação e então algum executivo vai interromper a conversa, e aquela pergunta... provavelmente iria ser respondida cinco slides a seguir. Então, se você ler o memorando de seis páginas inteiro, isso me acontece com frequência, eu chego à segunda página e tenho uma pergunta. Eu rabisco na margem e, quando chego à pergunta quatro, a pergunta foi respondida, então já posso riscar em cima. Economiza muito tempo".[100] Ler memorandos juntos é uma forma muito eficaz de garantir que todos tenham uma imagem do todo e estejam bem equipados para uma discussão de alta qualidade depois.

É por isso que, na Amazon, uma reunião raramente acaba sem decisões claras ou ações específicas. Até mesmo aqueles que faltaram à reunião podem facilmente acompanhar qual e como uma decisão foi tomada.

Samir Lakhani, um ex-empregado da Amazon, resumiu o valor dessa prática de forma sucinta, dizendo: "Bezos deu a todos os empregados um procedimento operacional padrão (POP) para garantir que o essencial seja bem-feito".[101]

REFORCE A ABORDAGEM CONSISTENTE EM TODAS AS DECISÕES

Como observado anteriormente, é difícil tomar boas decisões, e ainda mais difícil cristalizar princípios de tomada de decisão. A parte mais difícil é fazer o que se prega e aplicar de maneira constante os princípios declarados no momento de tomar todas as decisões.

Em 2010, Bezos observou que "clientes que navegavam – mas não compravam – pela seção de lubrificantes da categoria de bem-estar sexual da Amazon estavam recebendo e-mails personalizados promovendo uma variedade de géis e outros facilitadores íntimos".[102] Ele convocou uma reunião para discutir isso porque "acreditava que os e-mails do departamento de marketing causavam vergonha aos clientes e não deveriam ter sido enviados".[103]

Durante a reunião, executivos "discutiram que os lubrificantes estavam disponíveis em supermercados e farmácias e não eram, tecnicamente, tão vergonhosos. Eles também observaram que a Amazon gerava um volume significativo de vendas com e-mails assim. Bezos não se importou; nenhuma quantidade de retorno valia a quebra de confiança do cliente. Foi um momento revelador – e confirmador. Ele (Bezos) estava disposto a abrir mão de um aspecto lucrativo de seu negócio em vez de ferir a conexão que a Amazon tinha com seus clientes".[104]

É exatamente esse tipo de momento definidor que convence os outros do que é importante para você e como você vai tomar decisões em situações difíceis. Como Julie Weed escreveu no prefácio do *The Amazon Way*, os "princípios da Amazon não são slogans em paredes ou xícaras de café. Eles são vividos e respirados todos os dias por pessoas da Amazon, do CEO para baixo".

* * * * * * * *

Tomada de decisões é uma questão de fazer escolhas. "No fim, nós somos nossas escolhas."[105]

As escolhas realmente difíceis em geral não são as que ficam entre o certo e o errado, o melhor ou o pior, mas as que ficam entre duas opções racionais e razoáveis. Pessoas diferentes farão suas escolhas baseadas em seus valores, princípios e preferências diferentes.

Como uma empresa, garantir escolhas unificadas e consistentes por toda a organização, você precisa esclarecer seus próprios princípios e criar uma cultura corporativa correspondente para reforçá-los.

Ninguém negará a importância da cultura correta. O problema real é como defini-la e como construí-la. Então qual é o jeito Amazon? Vamos prosseguir para o próximo capítulo: "Cultura do eterno Dia 1".

REFLEXÕES E IDEIAS A CONSIDERAR PARA SUA EMPRESA

DESTAQUES DO CAPÍTULO
FUNDAMENTO 6

A Amazon, como organização, se comprometeu a estar eternamente no Dia 1 – isso quer dizer combinar as vantagens de tamanho e escala de uma grande empresa, a velocidade e agilidade de uma *startup* e as atualizações contínuas de capacidades organizacionais.

POR QUE DIA 1?

O Dia 2 não é uma opção
A insatisfação divina

COMO SE PROTEGER DO DIA 2?

O pacote inicial
Lute contra a complacência
Mate a burocracia
Aproprie-se de fraquezas

COMO CRIAR UMA CULTURA DO ETERNO DIA 1?

Operacionalize a cultura
Crie mecanismos de imposição
Viva e respire você mesmo os princípios
Invente símbolos e recompensas memoráveis

FUNDAMENTO 6: CULTURA DO ETERNO DIA 1

Desde o dia em que lançou seu novo empreendimento, Jeff Bezos tem sido obcecado pelos clientes. Ao longo da história da Amazon, esse foco implacável informou cada decisão e apareceu virtualmente em todas as comunicações ou ações. Em tudo, do assento vazio em reuniões pela manhã (para representar o cliente) ao tema recorrente em cada carta anual, clientes são a luz do farol para a Amazon.

Você sabe em que mais Bezos é obcecado? Organização. Sejam nas sedes ou centros de realização, ele sempre fica de olho à procura de "falhas nos sistemas da empresa, ou até mesmo da cultura corporativa".[106]

Então que tipo de organização Bezos queria construir quando começou uma aventura empolgante chamada Amazon?

Se você ler com cuidado todas as cartas para investidores que Bezos escreveu meticulosamente ao longo dos últimos vinte e dois anos (1997-2018), a expressão "Dia 1" apareceu surpreendentes vinte e duas vezes, com consistência notável. Ao longo dos últimos dez anos, todas as cartas aos investidores foram finalizadas com a mesma frase:

> *"Como sempre, anexo uma cópia da carta original de 1997. Nossa abordagem permanece a mesma, e ainda estamos no Dia 1." (2009-2015, com um desvio de uma palavra em 2014.)*[107]

> *"Como sempre, anexo uma cópia de nossa carta original de 1997. Ainda estamos no Dia 1."*

Se você for para as sedes da Amazon, vai encontrar um edifício nomeado "Dia 1", em que fica o escritório de Bezos. Na verdade, quando ele mudou de edifício, levou o nome consigo. A placa diz:

"Há tantas coisas que ainda tem que ser inventadas. Há tanta coisa nova que vai acontecer."

Por que o Dia 1 é tão importante para Bezos? Por que ele sentiu uma vontade tão forte de lembrar a todos de que ainda estão no Dia 1?

POR QUE DIA 1?

No estágio inicial de qualquer *startup*, o fundador (ou o pequeno time de fundadores) lidera tudo, do design à produção, vendas, entregas e financeiro. Se a sorte estiver do lado deles, o negócio logo vai superar a capacidade do time de fundadores, e eles precisarão expandir e construir uma organização.

Normalmente, no começo, a organização ainda funcionará com velocidade, agilidade e uma mentalidade de tolerância a risco, mas conforme o negócio cresce, a complexidade começa a aumentar, camadas começam a chegar de fininho, e as startups um dia ágeis inevitavelmente caem na armadilha das ditas "grandes empresas", caracterizadas por lentidão, rigidez e aversão ao risco.

Bezos se formou na Universidade de Princeton em 1986 com bacharelados em Engenharia Elétrica e Ciências da Computação, e inicialmente pretendia estudar Física. É por isso que ele pegou o termo "entropia" emprestado, um indicador de desordem no sistema e uma ideia que é de fundamental importância para a termodinâmica.

Na termodinâmica, a entropia é uma medida de energia indisponível em um sistema termodinâmico fechado que também é considerado ser uma medida da desordem do sistema. É uma propriedade do estado do sistema, que varia diretamente com qualquer mudança reversível no calor do sistema e inversamente com a temperatura do sistema. A segunda lei da termodinâmica define que para um processo termodinamicamente definido ocorrer, a soma das entropias dos corpos participantes deve aumentar.

Em resumo, no mundo da física, a entropia total, ou nível de desordem, do universo está continuamente aumentando. No mundo dos negócios, o caminho inevitável de qualquer organização, se deixada sem supervisão, levará para uma redução em eficiência e vitalidade, e aumento na complexidade e rigidez. Essa é a lei do "aumento de entropia". De certa forma, é uma lei deprimente porque declara que não importa quão ótima uma empresa seja agora, sem vigilância deliberada e determinação institucional para lutar contra a entropia, ela cairá na mediocridade.

O objetivo de Bezos é definir a lei do aumento de entropia na Amazon, a empresa que constrói. Ele declarou: "Queremos lutar contra a entropia. A barra tem que subir continuamente".[108]

O DIA 2 NÃO É UMA OPÇÃO

Entropia pode fazer muito sentido para um estudante de Física ou Ciência, mas como explicar esse conceito abstrato em termos comuns para que todos na Amazon pudessem entender e abraçar a ideia?

O modelo evocativo e pegajoso de "Dia 1 *versus* Dia 2" de Bezos se provou útil de uma forma imediata. Essa expressão simples capturou a aspiração de Bezos para a Amazon crescer de forma agressiva em escala e extensão enquanto ainda preserva a vitalidade empreendedora de uma startup e constrói sobre as inúmeras vantagens de uma empresa grande ao mesmo tempo.

Desafiar a lei do aumento da entropia, por definição, nunca é fácil. Bezos estava plenamente ciente do desafio. Como observou: "Há algumas armadilhas sutis que até mesmo organizações grandes de alta performance podem cair, via de regra, e nós, como uma instituição, teremos de aprender como nos proteger contra elas".[109]

Então como é o Dia 2 na mente de Bezos? "O Dia 2 é estase. Seguido por irrelevância. Seguido por declínio excruciante e doloroso. Seguido da morte. E é por isso que sempre ficamos no Dia 1."[110]

Para Bezos, alguém que queria tanto vencer na infância que chorava publicamente pela perda de uma partida de futebol americano, o Dia 2 nunca é uma opção.

A INSATISFAÇÃO DIVINA

Conforme elaborado em "Fundamento 4: Máquina de invenções inovadoras", um dos muitos motivos pelos quais

Bezos ama clientes é sua insatisfação divina. A expectativa deles sempre aumenta.

Famoso por seus padrões de exigência irracionalmente altos, Bezos nunca está satisfeito em apenas atender as expectativas do cliente. O que ele sempre quer é deliciá-los de maneira constante, inventar em nome deles e surpreendê-los. O que ele quer construir com tanta inflexibilidade não é apenas uma máquina de invenções, mas uma que acelera de forma contínua, porque essa é a única forma de sempre estar à frente das expectativas constantemente crescentes dos clientes.

Obsessão pelo cliente e pensamento de Dia 1 são os motores gêmeos ligados do sistema de gestão Amazon. A Amazon tem que melhorar continuamente em tudo o que faz, em todos que têm, e com velocidade e agilidade em ascensão.

Em resumo, é sempre o Dia 1, não importa quão grande a Amazon fique.

COMO SE PROTEGER DO DIA 2?

Não tem uma resposta simples a essa questão antiga que tem sido a fonte de problemas para quase todas as organizações no planeta. Há muitos culpados e muitas armadilhas que podem levar ao Dia 2; alguns são óbvios, mas outros são muito mais sutis e profundamente embutidos na natureza humana. Então, por onde começar?

O PACOTE INICIAL

Bezos identificou este desafio cedo, e colocou muito pensamento em encontrar a solução. Em sua Carta aos Investidores

de 2016, ele ofereceu um pacote inicial de informações essenciais para a defesa do Dia 1. Ele inclui:
- Obsessão verdadeira pelo cliente.
- Resistir a aproximações.
- Acolhimento de tendências externas.
- Tomada de decisões em alta velocidade.

OBSESSÃO VERDADEIRA PELO CLIENTE

Para a Amazon, a obsessão pelo cliente é o primeiro princípio. Para Bezos, é essencial para a vitalidade do Dia 1. Por quê? Porque cristaliza o propósito central do empreendimento em algo que impulsiona o comportamento e as decisões para sempre. As pessoas comprometidas em agradar os clientes divinamente descontentes, de forma bela e maravilhosa, serão levadas a melhorar, inovar e inventar de forma contínua em nome deles, e também se certificar de que as capacidades organizacionais aumentarão mais rápido do que as expectativas cada vez maiores dos clientes.

Eles se tornarão implacáveis em crescimento pessoal, em construção de capacidade organizacional e no esforço contínuo de "experimentar com paciência, aceitar fracassos, plantar sementes, proteger mudas e dobrar esforços quando vir o deleite de consumidores. Uma cultura obcecada pelo cliente é a que melhor cria as condições em que tudo isso pode acontecer".[111]

RESISTA A APROXIMAÇÕES

Bezos disse: "Enquanto empresas ficam mais e mais complexas, há uma tendência de gerenciar por aproximação. Isso surge em muitos formatos, e é perigoso, sutil e muito característico do Dia 2. Um exemplo comum é um processo por aproximação".[112]

Os processos são um meio para o fim, inicialmente desenhados para fazer a operação de negócios ser mais escalável. No entanto, conforme uma empresa cresce, o processo pode se tornar o destino por si só, tão complicado que a maioria das pessoas não sabe como navegar por ele e, em alguns casos, o serviço de atendimento ao consumidor fica prejudicado para servir requerimentos dos processos internos e se foca em entradas e saídas, e suas conexões ficam perdidas.

ACOLHA TENDÊNCIAS EXTERNAS

A maioria das empresas de Dia 2 não tem a vigilância necessária para responder a mudanças externas essenciais. Elas são lentas para detectar os sinais de alerta precoce, lentas em analisar o impacto possível em negócios existentes e oportunidades novas, e em tomar decisões para ajustar alocação de recursos ou missão de time para confrontar essas novas realidades.

Na verdade, muitos se comportam como se o mundo só estivesse girando baseado na ordem existente e como se eles ainda pudessem prolongar suas glórias passadas. Conscientemente ou não, resistem às tendências novas em vez de abraçá-las.

Ao se depararem com novas tecnologias digitais, como *big data*, máquinas de aprendizagem e inteligência artificial, empresas do Dia 2 questionam quão realista é aplicar novas tecnologias para negócios existentes: quanto impacto real os enormes investimentos requeridos poderiam de fato ter no negócio e qual seria o retorno no investimento.

Uma vez que a incerteza inata da tecnologia e do desenvolvimento do negócio no futuro limita a possibilidade de acertar um número específico de retornos esperados com a precisão à prova de balas, discussões assim não chegam a lugar nenhum.

Isso proporciona a esses líderes de Dia 2 que se apegam ao passado uma oportunidade de evitar essa forma de pensar a respeito do futuro; eles seguem a vida felizes dentro de um casulo de ilusão estática.

TOMADA DE DECISÕES EM ALTA VELOCIDADE

Como exploramos completamente no capítulo anterior, a Amazon desafia a armadilha comum de aplicar uma abordagem pesada de "tamanho único" para a maioria das decisões, incluindo as decisões tipo 2, mutáveis e reversíveis.

De fato, nem todas as decisões precisam ir até o último líder, esperar por toda a informação e requerer aprovações longas e concordâncias de todos.

O efeito cumulativo dessas práticas é gravar uma cultura diária de estabelecer objetivos ambiciosos, pretensiosos, mas bem pensados, combinados com um grupo de métricas para monitorá-los e aprender esses experimentos para melhorar continuamente.

Então, além dos fatores mencionados no pacote inicial de Bezos, o que mais poderia levar uma organização para dentro do Dia 2? Não é necessário um físico nuclear para desvendar. Os suspeitos comuns são a complacência, a burocracia e a interdependência que borram as linhas da prestação de contas.

LUTE CONTRA A COMPLACÊNCIA

O fato de que Bezos ama os clientes por conta de sua "insatisfação divina" revela algo tão sutil quanto crucial a respeito dele. Bezos é um homem de insatisfação divina, e suas observações sobre clientes também se aplicam perfeitamente a ele. De forma constante, ele coloca o patamar cada vez mais alto do que o cliente mais insatisfeito.

Em tudo que escolhe fazer, Jeff Bezos busca algo maior, melhor (não ligeiramente melhor, porém, de maneira significativa, melhor em magnitude), diferenciado ou totalmente novo. Seu objetivo não é apenas se igualar a melhor oferta do mercado, mas se tornar aquele que estabelece o padrão. Ele precisa ganhar em grande estilo, e também de uma forma que o deixe orgulhoso.

Como pessoa, a motivação incansável de Bezos para melhorias contínuas está escrita em seu DNA. Como fundador e CEO da Amazon, ele precisa injetar sua qualidade pela empresa como um valor explicitamente declarado e um princípio de operação.

O que poderia ser seu arqui-inimigo nessa missão? Complacência. "Mais do que qualquer coisa, ele (Bezos) teme e odeia complacência", diz o ex-executivo da Amazon, John Rossman.

Bezos estava verdadeiramente preocupado que, à medida que a Amazon ficasse maior e se tornasse mais bem-sucedida, a complacência substituiria "nosso espírito e desejo de nos arriscar... nós cessaríamos de insistir nos maiores padrões de qualidade para gradualmente nos emaranhar em uma bola gigante de formalismo burocrático".[113] Ele disse de forma explícita ao seu time executivo que se a Amazon caísse nessa armadilha, a empresa morreria.

Não há uma maneira fácil de lutar contra a complacência, que em geral se infiltra em qualquer organização. A Amazon lida com esse mal organizacional ao aumentar implacavelmente o nível de exigência. Esse remédio pode parecer simples demais. Quase todos sabem disso. Mas o desafio real aqui é a determinação obstinada para aplicá-la por toda a organização.

Na Amazon, as pessoas devem pensar em como melhorar continuamente. Elas devem lidar com desafios: como fazer mais com menos, ou novas coisas a fazer para continuar deleitando o cliente.

MATE A BUROCRACIA

Como explicado em "Fundamento 2: Aumento contínuo do nível de exigência do talento", Bezos odeia a burocracia. Para ele, isso é pessoal e provavelmente herdado de seu avô, um construtor de verdade.

Bezos não está sozinho nessa frente. Esse é um desagrado compartilhado por executivos do nível A. Para cada organização mergulhada em burocracia, os executivos máximos vão simplesmente se demitir, assim como o avô de Bezos fez.

Então, há os amantes da burocracia, os executivos de nível C e D. Eles conseguem se esconder atrás do escuro à prova de balas da burocracia, e se proteger da transparência, prestação de contas ou mensurabilidade. Sem cuidado extremo e caça constante a ervas daninhas, a burocracia pode rapidamente invadir uma organização inteira, afastar as pessoas de alta performance e, antes que você note, colocá-lo a bordo de um trem expresso direto para o Dia 2.

Como matar a burocracia? Bezos pensou muito nesse aspecto. Aqui há três práticas para sua consideração.

CONTROLE DE ORÇAMENTO

A Amazon é provavelmente o lugar menos desejável para se ir para qualquer interessado em criar um império, porque simplesmente não há dinheiro para isso. A Amazon se tornou notoriamente famosa por sua operação de baixo custo, que foi desenhada para espremer o espaço da burocracia.

FUNCIONÁRIOS INDIRETOS

A Amazon vê aqueles diretamente envolvidos na criação de novas habilidades ou melhores experiências para o cliente como funcionários diretos. Todos os outros são funcionários indiretos. A empresa sempre manteve um controle rigoroso sobre funcionários indiretos. Bezos é particularmente atento em evitar gerentes intermediários já que acredita que executivos dos níveis C e D, apaixonados por burocracia, em geral residem aí. É provável que esse seja um dos principais fatores contribuintes para os gastos impressionantemente baixos da Amazon com geral e administração: apenas 1,5% do lucro total.

SIMPLIFIQUE PROCESSOS

Bezos reconhece completamente o valor do bom processo. Sem um processo definido, o negócio não pode obter escala. Mas como distinguir burocracia do bom processo? Aqui há um checklist de advertências[114] do ex-executivo da Amazon John Rossman:

- Quando as regras não podem ser explicadas.
- Quando não favorecem o cliente.
- Quando você não consegue reparação de uma autoridade superior.
- Quando você não consegue uma resposta para uma pergunta razoável.
- Quando não há concordância em nível de serviço ou resposta garantida de tempo incluída no processo.
- Quando as regras simplesmente não fazem sentido.

Se qualquer uma das situações descritas acima ocorrer, você precisa reexaminar e simplificar os processos. Bons processos devem entregar resultados corretos, exibir entradas corretas a cada passo e devem ser desenhados para menos transferências, mais transparência e mais integração da tomada de decisão e prestação de contas claras de ponta-a-ponta.

APROPRIE-SE DE FRAQUEZAS

Há uma dor particular que todo fundador ou líder tem que aguentar em algum momento: quando pessoas ou times fracassam em obter certos objetivos, dedos serão apontados e acusações feitas.

Como atravessar essa fraqueza interna inevitável e, de uma vez por todas, colocar um fim nessa guerra infinita de culpabilização?

A maioria das empresas seguiria práticas tradicionais, como KPI, incentivos baseados em grupo e outros mecanismos, para encorajar a colaboração entre as divisões.

Bezos, sempre buscando ideias melhores ou pouco convencionais, não vai se contentar com essas abordagens comumente adotadas, mas provadas ineficazes. Ele enfim desvendou esse problema particularmente difícil de resolver em 2003, com uma metodologia de três passos:

1. "Sempre que possível, assumam as fraquezas para que não tenham que confiar em mais alguém.

2. Se isso for impossível, negocie e consiga comprometimentos claros e inequívocos dos outros.

3. Crie cercados sempre que possível. Para cada fraqueza, crie um plano de contingência."[15]

Uma abordagem tão ambiciosa requer uma disciplina operacional para execução consistente e bem-sucedida. Certificar-se de que cada fraqueza funciona e pode entregar a tempo, dentro do orçamento e dos padrões específicos e exigentes requeridos é um desafio apavorante. Todos precisam ter um senso definitivo de propriedade para fazer funcionar. Sem as pessoas certas e o sistema de dados e métricas, não vai acontecer.

Aliás, a abordagem aparentemente pouco ortodoxa de Bezos para gestão de fraquezas internas colocou a Amazon numa jornada para descobrir a AWS.

COMO CRIAR UMA CULTURA DO ETERNO DIA 1?

Para criar uma organização eternamente no Dia 1, você precisa de uma cultura corporativa correspondente que reforce o crescimento contínuo dessa qualidade. Uma vez estabelecida, goste ou não, a cultura tende a se tornar tão enraizada na psiquê de uma organização, ou tão ligada ao DNA da organização, que será longa, duradoura e muito difícil de mudar. Ninguém negará a importância da cultura certa. O problema real é como definir e como construir isso.

OPERACIONALIZE A CULTURA

Como definir a cultura de uma empresa? Como Bezos explicou: "Você tem que escrever sua cultura corporativa no papel, mas quando fizer isso, você a estará descobrindo, revelando – não criando".[116]

A cultura normalmente é criada durante a vida inteira de uma organização, com a fundação mais forte estabelecida no começo por seus membros fundadores. Seu comportamento do dia a dia, seu princípio de tomada de decisão, suas escolhas na seleção de pessoas, promovem, contratam e demitem. Sua imposição de princípios-chave, de sucessos e fracassos passados são as forças moldadoras essenciais.

A missão da Amazon é: "Nós lutamos para oferecer a nossos clientes os menores preços possíveis, a melhor seleção disponível e a maior conveniência". A visão da Amazon é de: "Ser a empresa mais centrada no cliente da Terra, em que clientes possam encontrar e descobrir qualquer coisa que possam querer comprar on-line".

Os princípios de liderança da Amazon evoluíram ao longo dos anos. Ainda em 1998, a Amazon tinha apenas cinco valores: "obsessão pelo cliente, frugalidade, viés para agir, propriedade e altos níveis de exigência para o talento";[117] muito diferentes das empresas tradicionais. Mais tarde, adicionou inovação. Hoje, a Amazon usa um conjunto de 14 Princípios de

Liderança para definir sua cultura corporativa. Isso é definido pelo time de liderança da Amazon, não por Bezos sozinho.

1. Obsessão pelo cliente.
2. Propriedade.
3. Invente e Simplifique.
4. Esteja certo, muito.
5. Aprenda e tenha curiosidade.
6. Contrate e desenvolva os melhores.
7. Insista nos padrões mais altos.
8. Pense grande.
9. Viés para ação.
10. Frugalidade.
11. Ganhe confiança.
12. Mergulhe fundo.
13. Tenha firmeza; discorde e se comprometa.
14. Entregue resultados.

Com ligeiras variações (Invente e simplifique em vez de inovação, e Contrate e desenvolva os melhores em vez do alto patamar de exigência para talento), os valores originais foram herdados e enriquecidos.

O que torna a Amazon única é que ela não parou em apenas criar conceitos abstratos, como muitas empresas fazem. Esse é um dos motivos centrais por que culturas, na maioria das organizações, têm sido reduzidas a slogans elevados e quadros de frases motivacionais.

Para cada princípio de liderança, a Amazon especifica o comportamento esperado. Por exemplo, o que "Obsessão pelo cliente" realmente quer dizer?

> *Líderes começam com o cliente e refazem os passos até si mesmos. Eles trabalham vigorosamente para conseguir e manter a confiança do cliente. Apesar de líderes prestarem atenção à concorrência, eles são obcecados pelos clientes.*[118]

E o que "Insista nos padrões mais altos" realmente quer dizer?

> *Líderes têm níveis implacavelmente altos de exigência – muitas pessoas podem pensar que esses padrões são irracionalmente altos. Líderes estão levantando de forma contínua o patamar e levando seus times a entregar produtos, serviços e processos de alta qualidade. Líderes garantem que defeitos não desçam pela linha de montagem e que problemas sejam resolvidos para permanecerem resolvidos.*[119]

Essas duas ou três sentenças são de importância crucial no que diferencia a Amazon dos outros.

Por quê? Porque sem esse tipo de descrição detalhada, princípios são termos abstratos, elevados, mas pouco práticos. Uma vez que você os coloca em termos claros e específicos para comportamentos, no chão, eles se tornam operacionais, e toda e qualquer pessoa pode começar a praticá-los de acordo.

Descrições mais sutis, claras e específicas transformam os ideais abstratos, como cultura, valor e princípios, em orientações que são observáveis, verificáveis e mensuráveis.

Por mais que seja difícil julgar se alguém é verdadeiramente obcecado pelo cliente ou não, sempre podemos notar se essa pessoa de fato começa com o cliente e se refaz o passo a passo até chegar nela, ou se ela se fixa constantemente na concorrência, ou se, de forma habitual, ela parte de competências existentes. Quando há um conflito, ela trabalha com vigor para ganhar e manter a confiança de seus clientes, ou prioriza ganhos de curto prazo ou a performance pessoal ou de seu departamento?

Também é difícil julgar se alguém insiste nos padrões mais altos de exigência ou não. Como medir "alto" em vez de "mais alto"? As explicações de três sentenças oferecem orientações claras. As expectativas dessa pessoa são vistas como irracionalmente altas por muitos? Essa pessoa está elevando de maneira contínua o patamar de exigência, ou basicamente satisfeita com o *status quo*? Quando surgem defeitos, ela consegue chegar às raízes do problema e erradicar os defeitos para sempre, ou só coloca um Band-Aid como conserto temporário e o mesmo problema, ou similares, surgirá mais tarde?

Agora, você provavelmente começa a apreciar a beleza de descrições comportamentais claras e específicas depois de cada princípio de liderança. Isso é o que chamamos de operacionalizar a cultura.

Recomendamos fortemente que você leia o conjunto completo de 14 Princípios de Liderança da Amazon no apêndice deste livro. Valerá muito o seu tempo. Ao ler, pense a respeito de quais poderiam funcionar para você e quais poderiam melhorar sua empresa e organização.

CRIE MECANISMOS DE IMPOSIÇÃO

Então como você pode garantir que seus princípios de liderança serão consistentemente executados conforme sua empresa cresce? Uma abordagem eficaz usada na Amazon são os mecanismos de imposição.

Comece fazendo uma lista dos valores, culturas ou princípios centrais que você gostaria de reforçar na organização e operacionalize cada um deles dando descrições comportamentais claras e específicas. Muitas empresas provavelmente já fizeram essa parte e descobriram que o aspecto frustrante de valores, cultura ou princípios é que eles são mais fáceis de declarar do que de viver. Como impô-los é o desafio real.

A Amazon criou um sistema de mecanismos simples, mas eficaz, de imposição para garantir que todos na organização realmente vivam e respirem os valores e princípios declarados. Vamos pegar o princípio número 1, o favorito e perene da Amazon, Obsessão pelo Cliente, como exemplo.

VERIFICAÇÃO SEMANAL

Toda semana, sem exceção, Bezos faz a mesma pergunta para seus executivos: o que podemos fazer melhor para os clientes?

CADEIRA VAZIA

Nos dias iniciais da Amazon, Bezos mantinha uma cadeira vazia no recinto para lembrar com frequência a todos que mesmo que os clientes não pudessem ir pessoalmente a reuniões, seus interesses sempre deveriam ser considerados e representados totalmente.

COMUNICADO DE IMPRENSA

Como mencionado no "Fundamento 4: Máquina de invenções inovadoras", na Amazon, todo time com um projeto tem que criar um comunicado à imprensa, definindo os clientes-alvo e descrevendo os benefícios percebidos e destaques do ponto de vista do cliente.

TREINAMENTO DE CALL CENTER

Todo ano, alguns gerentes são obrigados a participar de uma sessão de treinamento de dois dias em um call center. Essa interação direta com clientes é desenhada para ajudá-los a ter, em primeira mão, um entendimento das frustrações dos clientes e dos pontos de dificuldade, e também para dar a eles a humildade preciosa de reconhecer que, apesar de seu sucesso amplamente aplaudido, a Amazon ainda precisa melhorar de forma contínua.

ACOMPANHAMENTO DE FEEDBACK

Dado que na era digital um post aparentemente aleatório pode viralizar em dois instantes, e, se não tratado da maneira correta e dentro do tempo apropriado, o dano de uma postagem negativa pode ser desastroso, a Amazon investiu milhões para construir um sistema que acompanha os feedbacks de clientes em tempo real.

O CABO ANDON

Na Amazon, se o time de atendimento ao cliente recebe reclamações similares de consumidores a respeito de um produto, eles estão totalmente autorizados a puxar o cabo Andon da tomada: remover temporariamente o produto do site.

Essa prática, adotada do Sistema de Produção Toyota, serve para capacitar as pessoas da linha de frente (neste caso, os agentes de serviço) a remover imediatamente do site qualquer produto que tenha relatos de defeitos. A página do produto somente pode ser restaurada depois da fonte dos defeitos ter sido identificada e corrigida.

É claro que a remoção vai ferir a performance do time de vendas no curto prazo, mas Bezos apoia esse mecanismo completamente. "Se os caras de venda não conseguem acertar, eles merecem ser punidos"[120], ele disse.

REEMBOLSO AUTOMÁTICO

Se um serviço ou produto abastecido se revelar abaixo do nível de qualidade, em vez de esperar por reclamações do cliente postadas na internet ou comunicadas pelo call center, a Amazon pode detectar o erro e tomar a iniciativa de reembolsar clientes por um sistema automatizado.

COMO ISSO FUNCIONA?

"Nós criamos sistemas automatizados que buscam ocasiões em que entregamos uma experiência de compra que não está no nosso padrão de qualidade, e esses sistemas então proativamente reembolsam clientes. Um observador da indústria recentemente recebeu de nós um e-mail automático que dizia: 'Nós notamos que você teve uma experiência ruim na qualidade do vídeo ao assistir ao filme alugado no Amazon Video On Demand: Casablanca. *Sentimos muito pela inconveniência e enviamos um reembolso para o seguinte valor: US$ 2.99. Nós esperamos ver você em breve'. Surpreso com o reembolso proativo, ele acabou escrevendo sobre sua experiência: a Amazon 'notou que eu tinha*

passado por uma experiência ruim na reprodução de vídeo...' e decidiu me reembolsar por causa disso? Uau... Que exemplo de colocar os clientes em primeiro lugar."[21]

VIVA E RESPIRE VOCÊ MESMO OS PRINCÍPIOS

Além dos designs já mencionados, para guiar a organização dia após dia, o mecanismo de imposição mais poderoso tem a ver com modelar pessoalmente o comportamento esperado de todos.

Nesse aspecto, Bezos é realmente um homem de palavra. Sua paixão pessoal e persistente em priorizar os interesses dos clientes para atender e exceder seus próprios padrões de exigência altos definiu o DNA da Amazon e levou a "obsessão pelo cliente" a um patamar totalmente novo.

Há numerosas anedotas a respeito de quão rígido Bezos pode ser com questões que afetam clientes. Aqui há dois exemplos.

PRECIFICAÇÃO

Como sabemos, *Everyday Low Price*, preços baixos todos os dias, é uma das armas secretas do Walmart. Bezos não apenas aprendeu esse conceito com o Walmart, mas também o atualizou no contexto digital. Na Amazon, são os robôs de precificação que reviram sites, coletam os preços da concorrência e automaticamente ajustam o preço, permitindo que a Amazon sempre concorra com os preços mais baixos.

Certa vez, um executivo da Amazon perguntou a Bezos se a Amazon deveria continuar a impor a política de igualar preços quando o vendedor com preço mais baixo estivesse sem estoque do produto. A lógica é persuasiva: por que diminuir sua margem quando não há necessidade real de fazer isso?

Bezos rejeitou a sugestão de imediato. Disse que fazer isso iria forçar clientes a aceitar o preço mais alto de má vontade daquela vez, mas a sensação ruim associada com a Amazon por fazer isso duraria por muito mais tempo. Sua devoção com o que os clientes pensariam ou sentiriam a respeito dessa questão diz muito sobre seus valores.

O que Bezos fez é um grande exemplo de como um líder na Amazon deve se comportar: trabalhar vigorosamente para conquistar e manter a confiança do cliente, conforme especificado nos Princípios de Liderança.

Esse é o mesmo motivo subjacente de por que a AWS lançou a "AWS Trusted Advisor" em 2012, um serviço que monitora o uso dos clientes e oferece conselhos em como melhorar performance, elevar segurança e economizar. Na verdade, a Amazon iria proativamente informar clientes de possíveis economias.

Bezos definiu melhor: "**Nosso objetivo de precificação é conquistar a confiança** do cliente, não otimizar lucro de curto prazo" (grifo nosso).[122]

PONTO DE INTERROGAÇÃO

A Amazon tem um sistema oficial para classificar a gravidade de uma emergência interna. Ele vai de uma baixa de Sev-5 até uma alta de Sev-1. No entanto, existe um nível de severidade que supera tudo: um e-mail de Bezos com seu famoso "ponto de interrogação".

Bezos publicou seu endereço de e-mail e sugeriu que clientes escrevessem diretamente para ele observando quaisquer problemas que encontrassem pelo caminho. Sempre que determinado assunto chamasse sua atenção, ele acrescentaria um ponto de interrogação na mensagem e a encaminharia para a(s) pessoa(s) pertinente(s) na Amazon.

Sempre que alguém recebe uma mensagem com um ponto de interrogação de Bezos, espera-se que esta pessoa largue tudo, imediatamente chegue ao cerne da questão e encontre uma solução que resolva o problema de uma vez por todas. Uma análise completa do porquê o problema surgiu, para começo de conversa, e como consertar isso para que um problema assim permanecesse consertado (nunca recorresse) tinha que ser apresentada ao próprio Bezos.

Esse é o "jeito de Bezos garantir que problemas em potencial sejam endereçados e que a voz do cliente sempre seja ouvida dentro da Amazon".[123]

O iPOD ROSA

Um ano, a Amazon encomendou quatro mil iPods cor-de-rosa da Apple para o Natal. No entanto, na metade de novembro, a Apple informou a Amazon que ela poderia esperar um atraso na entrega.

Se você fosse a pessoa no comando, como você reagiria a essas más notícias? A prática comum seria notificar clientes do atraso esperado em seu pedido e se desculpar, ao mesmo tempo especificando que essa decepção não era sua culpa e que não havia nada que se pudesse fazer. Educado e profissional. Que solução perfeita.

Isso é de fato a solução padrão para muitas empresas pelo planeta. Mas na Amazon, para aqueles que são verdadeiramente obcecados pelos clientes e que estão verdadeiramente comprometidos a fazer o que quer que seja humanamente possível para deleitar clientes, essa não era a resposta.

Em vez disso, o time responsável da Amazon saiu e comprou quatro mil iPods cor-de-rosa no mercado, selecionou-os manualmente e garantiu o envio a tempo para os clientes.

Em uma perspectiva financeira, não fazia sentido, mas Bezos deu ao time total apoio e aprovação sem nenhuma dúvida ou hesitação. Isso era a coisa certa a se fazer segundo os Princípios de Liderança da Amazon, e esse é exatamente o tipo certo de comportamento que Bezos gostaria de ver na Amazon.

INVENTE SÍMBOLOS E RECOMPENSAS MEMORÁVEIS

Como fazer com que valores, culturas e princípios sejam memoráveis? Como recompensar as pessoas que demonstram incorporar totalmente os elementos centrais? De novo, a Amazon ostentou sua motivação implacável para inventar ao modelar uma organização.

RELÓGIO DE 10 MIL ANOS

Bezos investiu pessoalmente em construir um relógio de 10 mil anos de "escala monumental" dentro das montanhas do Oeste do Texas. Como ele disse:

> *"É um relógio especial, desenhado para ser um símbolo, um ícone para pensamento de longo prazo... Um relógio que tem um tique por ano, em que a mão do século avança uma vez a cada cem anos, e o cuco sai em um*

milênio. Como eu o vejo, nós humanos agora somos avançados tecnologicamente o suficiente para que possamos criar não apenas maravilhas extraordinárias, mas também problemas na grande escala da civilização. Nós provavelmente vamos precisar de mais pensamento de longo prazo."[124]

PRÊMIO "*JUST DO IT*"

Para reforçar os valores de liderança chamados de Viés para Ação, Bezos instituiu o "Prêmio '*Just Do It*'" (ou seja, o prêmio de "Só vai lá e faça", como o slogan da Nike). O que é único nesse prêmio é o prêmio. Dado seu reforço constante da frugalidade, Bezos surgiu com a ideia totalmente heterodoxa de ter tênis velhos, gastos e rasgados, armados e cobertos de bronze. É interessante notar que esse prêmio é altamente desejado. Vencedores em geral o mostram visível e orgulhosamente em seus escritórios.

O PRÊMIO DA ESCRIVANINHA DE PORTA

Na Amazon, a escrivaninha de porta é um símbolo de frugalidade duradoura. Ela lembra a cada um dos primeiros dias, quando Bezos usou portas para mesas. O *Door Desk Award*, Prêmio da Escrivaninha de Porta, premia aqueles que tiveram "uma ideia bem construída que nos ajuda a entregar preços mais baixos para os clientes", e o prêmio é um ornamento de escrivaninha de porta.[125]

Como acontece a tudo com que Bezos se compromete, sua busca por símbolos poderosos também é implacável. Na reunião anual de investidores da Amazon em 2009, Bezos transformou "lâmpadas" em seu novo símbolo para frugalidade final.

Ele disse: "Todas as máquinas de venda automáticas têm lâmpadas para deixar os comerciais mais atraentes... então nós circulamos por todos os nossos os centros de realização e tiramos as lâmpadas".

A economia estimada em custos de eletricidade resumia-se a meras dezenas de milhares de dólares. Não era grande por si só. Mas a mensagem era tão alta e clara que todos, empregados e acionistas, receberam um sentimento muito específico do que a frugalidade quer dizer e, mais importante, quais são os padrões de frugalidade na Amazon.

****

Neste momento, você já deveria ter uma visão holística a respeito de todos os seis fundamentos do sistema de gestão Amazon. Pode ocorrer a você que a cultura do eterno Dia 1 é tanto um resultado quanto um facilitador do que a Amazon conquistou nos últimos vinte e cinco anos.

Isso tem sido a estrela-guia desde o Dia 1 que constantemente mantém a Amazon concebendo um modelo de negócios obcecado pelo cliente (fundamento 1), cultivando um aumento contínuo do nível de exigência do talento (fundamento 2), construindo um sistema movido por dados e métricas gerados por IA (fundamento 3), criando uma máquina de invenções inovadoras (fundamento 4) e construindo um mecanismo de tomada de decisões em alta velocidade e de alta qualidade (fundamento 5).

Isso encoraja, ou de muitas maneiras, impele as pessoas na Amazon a continuamente desafiar o *status quo* para o melhor, para buscar ideias novas sem cessar, grandes e únicas, para inventar de forma implacável, recomeçar, fazer mais uma vez, e repetir de novo e de novo. Não importa quão pequena aquela semente inicial seja, um espírito imortal do Dia 1 a tornará grande. Todos esses empreendimentos vão, em resposta, reforçar a convicção da cultura do eterno Dia 1.

Como acontece com tudo o mais deliberadamente planejado por Bezos, o sistema de gestão Amazon também é uma *flywheel*, um ciclo, autorreforçador.

REFLEXÕES E IDEIAS A CONSIDERAR PARA SUA EMPRESA

LISTA DE CONTROLE DO SISTEMA DE GESTÃO AMAZON

FUNDAMENTO	O JEITO AMAZON
1. Modelo de negócios obcecado pelo cliente	Plataforma on-line e off-line, provedor de ecossistema e infraestrutura. Ideia central baseada em obsessão pelo cliente, inventar em nome do cliente, pensamento de longo prazo e geração de caixa sobre ganhos.
2. Aumento contínuo do nível de exigência do talento	Definição: construtor, proprietário e resistência mental. Recrutamento: levantador de patamar, processo rigoroso e mecanismo autosseletivo. Motivação: terra dos sonhos do construtor, paraíso do jovem e altos padrões.
3. Sistema movido por dados e métricas gerados por IA	Fonte única de verdade. Métrica: ultradetalhado, ponta-a-ponta, em tempo real, acompanhando entradas e necessidade de verificação e ser encaminhado para o proprietário específico da medida. Ferramentas poderosas movidas por IA capazes de automatizar a tomada de decisão.
4. Máquina de invenções inovadoras	Motivação implacável para inventar: ousando aprender novas habilidades, acabar com seu próprio negócio, fracassar seriamente. Buscar e construir grandes ideias continuamente (o comunicado de imprensa), e construir, em tempo integral, times interfuncionais e com localização compartilhada "de duas pizzas" com o líder de projeto certo.

5. Decisões em alta velocidade e de alta qualidade	Dois tipos de tomada de decisão: Tipo 1 (portas de mão única) e Tipo 2 (portas de mão dupla). Para decisões do Tipo 2, velocidade importa. Deixe o dono da métrica tomar a decisão. Se a aprovação for necessária, apenas um nível. Para decisões do Tipo 1, concentre-se em poucas. Encontre a melhor verdade, imagine a mudança possível, combata o pensamento de manada, e, ao se deparar com discordância, discorde e se comprometa. Para aumentar a escala de boa tomada de decisão, você precisa esclarecer princípios e metodologias consistentes (as narrativas de seis páginas) e reforçá-los em cada decisão.
6. Cultura do eterno Dia 1	Para se proteger do Dia 2: verdadeira obsessão pelo cliente, resista a aproximações, acolha tendências externas, tome decisões rápidas, lute contra a complacência, mate a burocracia e aproprie-se de fraquezas. Para criar uma cultura do eterno Dia 1: operacionalize por meio de comportamentos observáveis, crie mecanismos de imposição, viva e respire você mesmo os princípios e invente símbolos e recompensas memoráveis.

PARA LÍDERES NA ERA DIGITAL

Esperamos que tenha apreciado a leitura deste livro e que esteja comprometido a embarcar em sua própria jornada digital.

Você provavelmente ouviu parte das histórias sobre a Amazon aqui e ali. A maioria delas deve estar correta, algumas exageradas, e algumas, uma vez tiradas do contexto, podem ser muito enganosas. É por isso que devotamos tanto tempo e energia para verificar os fatos, conectar os pontos, desmistificar as lendas urbanas e colocar tudo em um pacote sistemático e holístico.

Ao contrário da gestão de negócios centenária pensada para comandar e controlar, o sistema de gestão Amazon foi desenhado para velocidade, agilidade e escala. Ele tem se provado ser uma fórmula vencedora para sobreviver e prosperar na era digital, uma era nova caracterizada por mudanças de velocidade e magnitude sem precedentes.

Não estamos aqui para defender uma réplica cega de todas as coisas no sistema de gestão Amazon. Porque sabemos muito bem, por meio de lições aprendidas por décadas de prática de consultoria, que o que realmente importa é o encaixe.

Por que o sistema de gestão Amazon funciona tão bem para a Amazon? Porque ele se encaixa com os valores, princípios, personagens e estilos pessoais de Jeff Bezos, o fundador e CEO da Amazon, e seu time central; ele também se encaixa melhor com a natureza da plataforma da Amazon e do negócio de infraestrutura.

O que funciona para você? O que melhor se encaixa em seu negócio? Ninguém tem a resposta perfeita. Você terá de experimentar, iterar e inventar sua própria.

Você não está sozinho nesta aventura. Vamos explorar juntos.

Sempre se lembre: ainda é o Dia 1.

Ram e Julia
2 de agosto, 2019.

APÊNDICE 1: A ABORDAGEM DE GESTÃO E TOMADA DE DECISÃO DA AMAZON EM 9 TÓPICOS

Excerto da Carta aos Investidores de Bezos em 1997

Por causa de nossa ênfase no longo prazo, podemos tomar decisões e pesar uma troca de maneira diferente de algumas empresas. Da mesma forma, queremos compartilhar nossa gestão fundamental e abordagem de tomada de decisões para que vocês, nossos investidores, possam confirmar que é consistente com nossa filosofia de investimentos:

• Vamos continuar a nos concentrar implacavelmente em nossos clientes.

• Vamos continuar a tomar decisões de investimento sob a luz de consideração de liderança de mercado no longo prazo, em vez de considerações de lucratividade de curto prazo ou reações de curto prazo de Wall Street.

• Vamos continuar a medir nossos programas e a eficácia de nossos investimentos analiticamente para abandonar aqueles que não geram retornos aceitáveis e para aumentar investimentos que funcionam. Vamos continuar a aprender tanto de sucessos quanto de fracassos.

• Tomaremos decisões de investimento ousadas em vez de tímidas, onde vemos uma probabilidade suficiente de ganhar vantagens de liderança de mercado. Alguns desses investimentos vão se pagar, outros não, e nós teremos aprendido uma lição valiosa em qualquer caso.

• Ao sermos forçados entre otimizar a aparência de nossos balanços (GAAP nos Estados Unidos) e maximizar o valor presente de fluxos de caixa futuros, nós vamos optar por fluxos de caixa.

• Vamos compartilhar nossa linha de pensamento estratégico com vocês quando tomarmos decisões ousadas (na extensão que pressões competitivas permitirem), para que vocês possam avaliar sozinhos se estamos fazendo investimentos de liderança de longo prazo.

• Vamos trabalhar muito para gastar com sabedoria e manter uma cultura enxuta. Entendemos a importância de reforçar de maneira contínua uma cultura ciente de custos, particularmente em um negócio que gera perdas brutas.

• Vamos equilibrar nosso foco em crescimento com ênfase em lucratividade de longo prazo e gestão de capital. Nesse estágio, escolhemos priorizar crescimento porque acreditamos que a escala é central para atingir o potencial de nosso modelo de negócios.

• Continuaremos a nos concentrar em contratar e reter funcionários versáteis e talentosos, e continuaremos a pesar suas compensações em ações em vez de dinheiro. Sabemos que nosso sucesso será altamente afetado por nossa habilidade de atrair e reter uma base de funcionários motivada, cada um dos quais deve pensar como, e portanto agir como, um proprietário.

APÊNDICE 2: OS 14 PRINCÍPIOS DE LIDERANÇA DA AMAZON

Usamos nossos princípios de liderança todos os dias, seja discutindo ideias para novos projetos ou decidindo sobre a melhor abordagem para resolver um problema. É simplesmente uma das coisas que faz a Amazon ser peculiar.

1. OBSESSÃO PELO CLIENTE

Líderes começam com o cliente e refazem os passos até si mesmos. Eles trabalham vigorosamente para conseguir e manter a confiança do cliente. Apesar de líderes prestarem atenção à concorrência, eles são obcecados pelos clientes.

2. PROPRIEDADE

Líderes são proprietários. Eles pensam no longo prazo e não sacrificam valor de longo prazo por resultado de curto prazo. Eles agem em nome da empresa inteira, além de seu próprio time. Eles nunca dizem: "Este não é meu trabalho".

3. INVENTE E SIMPLIFIQUE

Líderes esperam e requerem inovação e invenção de seus times, e sempre encontram uma maneira de simplificar. Eles têm consciência externa, buscam ideias novas de todos os lados e não se limitam pela ideia de "aqui não é o lugar de inventar isso". Conforme fazemos coisas novas, aceitamos que podemos ser mal interpretados por longos períodos de tempo.

4. ESTEJA CERTO, MUITO

Líderes estão certos, muitas vezes. Eles têm avaliações fortes e bons instintos. Eles buscam perspectivas diferentes e trabalham para contestar suas crenças.

5. APRENDA E TENHA CURIOSIDADE

Líderes nunca terminam de aprender e sempre procuram melhorar. Eles têm curiosidade a respeito de novas possibilidades e agem para explorá-las.

6. CONTRATE E DESENVOLVA OS MELHORES

Líderes levantam o patamar da performance com cada contratação e promoção. Eles reconhecem talento excepcional e os movem por dentro da empresa. Líderes desenvolvem líderes e levam seu papel a sério no treinamento de outros. Nós trabalhamos em nome de nossas pessoas para inventar mecanismos de desenvolvimento, como o *Career Choice*.

7. INSISTA NOS PADRÕES MAIS ALTOS

Líderes têm níveis implacavelmente altos de exigência – muitas pessoas podem pensar que esses padrões são irracionalmente altos. Líderes estão elevando de forma contínua o patamar e levando seus times a entregar produtos, serviços e processos de alta qualidade. Líderes garantem que defeitos não desçam pela linha de montagem e que problemas sejam resolvidos para permanecerem resolvidos.

8. PENSE GRANDE

Pensar pequeno é uma profecia autorrealizável. Líderes criam e comunicam uma direção ousada que inspira resultados. Eles pensam de modo diferente e olham por todos os lados à procura de formas de servir o cliente.

9. VIÉS PARA AÇÃO

A velocidade importa nos negócios. Muitas decisões e ações são reversíveis e não precisam de estudo intensivo. Nós avaliamos cada tomada de risco.

10. FRUGALIDADE

Consiga mais com menos. Restrições criam engenhosidade criativa, autossuficiência e invenção. Não há pontos extras por aumentar o número de funcionários, tamanho do orçamento ou gastos fixos.

11. GANHE CONFIANÇA

Líderes ouvem com atenção, falam com sinceridade e tratam os outros com respeito. Eles são vocalmente autocríticos, mesmo quando fazer isso é esquisito ou vergonhoso. Líderes não pensam que tudo são flores neles ou em seus times. Eles comparam a si mesmos e seus próprios times com os melhores.

12. MERGULHE FUNDO

Líderes operam em todos os níveis, se mantêm conectados aos detalhes, auditam frequentemente e ficam céticos quando os dados não batem com as histórias. Nenhuma tarefa está abaixo deles.

13. TENHA FIRMEZA; DISCORDE E SE COMPROMETA

Líderes são obrigados a desafiar de maneira respeitosa decisões quando discordam, mesmo quando essa prática é desconfortável ou exaustiva; eles não encontram meios-termos só pelo bem da coesão social. Uma vez que uma decisão é tomada, eles se comprometem inteiramente.

14. ENTREGUE RESULTADOS

Líderes se concentram em fatores-chave para seus negócios e os entregam com a qualidade certa dentro do prazo. Apesar de dificuldades, eles se destacam e nunca se acomodam.

SOBRE OS AUTORES

Os vinte e sete livros de Ram Charan venderam mais de três milhões de cópias e incluem o *Execucação*, best-seller do *The New York Times*. Ele é um consultor de negócios mundialmente conhecido, autor e palestrante que passou os últimos trinta e cinco anos trabalhando com as principais e maiores companhias, CEOs, e conselhos da nossa época. Em sua atuação em empresas que incluem GE, MeadWestvaco, Bank of America, DuPont, Novartis, EMC, 3M, Verizon, Aditya Birla Group, Tata Group, Max Group, e Grupo RBS, ele é conhecido por eliminar a complexidade de tocar um negócio na rápida mudança de clima de hoje em dia para desvendar o cerne do problema do negócio. Suas soluções do mundo real, compartilhada com milhões por meio de seus livros e artigos nas principais publicações sobre negócios, tem sido elogiadas por serem práticas, relevantes e altamente aplicáveis – o tipo de aconselhamento que você pode usar na segunda-feira de manhã.

A entrada de Ram no mundo dos negócios se deu bem cedo enquanto trabalhava na loja de sapatos da família em uma cidade pequena no nordeste da Índia, onde ele cresceu. Quando seu talento para os negócios foi descoberto, Ram foi encorajado a desenvolvê-lo. Ele obtete um MBA e doutorado da Harvard Business School, onde se graduou com alta distinção e foi um Baker Scholar,******* então prestou atendimentos na Harvard

---

*******"Baker Scholar" é a designação acadêmica honrosa concedida pela Harvard Business School a um seleto grupo de graduandos que se formam com alta distinção. Esse grupo compreende 5% da turma a qual pertence. [N.T.]

Business School e na Northwestern University antes de seguir com a consultoria em tempo integral.

O trabalho de Ram o leva sem parar ao redor do mundo e dá a ele um ponto de vista de profissional do ramo inigualável e atualizado de como a economia e as empresas líderes operam. Por meio de observação e análise afiadas, ele forma poderosos insights que ajudam líderes de negócios a encararem os seus desafios mais difíceis nas áreas de crescimento, desenvolvimento de talento, governança corporativa, e lucratividade. O seu sólido e oportuno aconselhamento é uma ferramenta poderosa na travessia pelo clima incerto dos negócios dos dias atuais. O ex-presidente da GE Jack Welch disse que Ram "possui uma rara habilidade para distinguir o significativo do sem sentido e transmite isso de uma maneira calma e eficiente sem destruir confianças", ao passo que Ivan Seidenberg, o ex-CEO da Verizon, chama Ram de sua "arma secreta".

Ram treinou mais de uma dúzia de líderes que se tornaram CEOs. Ele alcança muito mais líderes em ascensão por meio de programas internos de educação executiva. Seu estilo enérgico e interativo de ensinar lhe conferiu muitos prêmios, incluindo o Bell Ringer no famoso Crotonville Institute da GE, e o prêmio de melhor professor na Northwestern. Ele esteve entre as dez principais pesquisas na *BusinessWeek* por programas internos de desenvolvimento executivo.

Ram foi autor de mais de vinte e cinco livros desde 1998, que venderam mais de dois milhões de cópias em mais de uma dúzia de países. Três dos seus livros foram best-sellers do *Wall Street Journal*, entre eles o *Execução*, no qual ele foi coautor com Larry Bossidy, ex-CEO da Honeywell, em 2002, que passou mais de 150 semanas na lista de mais vendidos do *The New York Times*. Ele também escreveu para publicações como *Harvard Business Review, Fortune, Businessweek, Time, Chief Executive* e *USA TODAY*.

Ram foi eleito um Distinguished Fellow do National Academy of Human Resources e atendeu no Blue Ribbon Commission on Corporate Governance.Ele atuou nos conselhos da Hindalco na Índia, Emaar, Austin Industries, Tyco Electronics, e Fischer and Porter. Seu mais novo livro, *O sistema de gestão Amazon: O mecanismo digital de negócios definitivo que cria valor extraordinário tanto para clientes quanto para investidores*, é o primeiro mergulho profundo na maior companhia do mundo projetado para ajudar qualquer pessoa desde CEOs estabelecidos até universitários recém-graduados por meio da exposição da metodologia e fundamentação de cada decisão que acontece lá dentro.

Julia Yang é uma consultora de confiança de empreendedores, fundadores, CEOs, e executivos, uma reputação conquistada durante quase vinte anos de prática relevante. Ela atualmente trabalha com Ram Charan para atender líderes de negócios e explorar novas práticas de gestão na era digital.

Antes disso, Julia foi consultora na McKinsey, e uma investidora de ativos privados na Bain Capital. Ela adquiriu seu MBA na Harvard Business School, junto com seu mestrado e bacharelado na Tsinghua University.

Julia também atua no corpo docente do programa conjunto de MBA do MIT-Tsinghua, e no conselho da Narada Foundation, uma organização filantrópica líder.

NOTAS

FUNDAMENTO 1: MODELO DE NEGÓCIOS OBCECADO PELO CLIENTE

[1] STONE, Brad. *The Everything Store*. Nova York: Little, Brown, and Company, 2013; Back Bay Books, 2014.
[2] Ibid.
[3] PRYOR, Kristin. "A History of Amazon's Amazing Acquisitions". Disponível em: https://tech.co/news/history-amazon-acquisitions-2016-05.
[4] Entrevistas com executivos na Amazon.
[5] Entrevistas com executivos na Amazon.
[6] Carta aos Investidores de Bezos em 2018.
[7] Ibid.
[8] Relatório anual da Amazon de 2018. Disponível em: https://ir.aboutamazon.com/annual-reports.
[9] Carta aos Investidores de Bezos em 2008.
[10] Carta aos Investidores de Bezos em 1998.
[11] Carta aos Investidores de Bezos em 2008.
[12] Carta aos Investidores de Bezos em 2017.
[13] Carta aos Investidores de Bezos em 2018.
[14] Carta aos Investidores de Bezos em 2001.
[15] Carta aos Investidores de Bezos em 1999.
[16] A lei dos rendimentos decrescentes é um princípio econômico que afirma que, à medida que o investimento em uma determinada área aumenta, a taxa de lucro desse investimento, após certo ponto, não pode continuar a aumentar se outras variáveis permanecerem constantes. À medida que o investimento continua além desse ponto, o retorno diminui progressivamente. (https://searchcustomerexperience.techtarget.com/definition/law-of-diminishing-returns)
[17] Carta aos Investidores de Bezos em 2001.
[18] Relatório anual da Amazon de 2018. Disponível em: https://ir.aboutamazon.com/Capital IQ
[19] Carta aos Investidores de Bezos em 2017.

FUNDAMENTO 2: AUMENTO CONTÍNUO DO NÍVEL DE EXIGÊNCIA DO TALENTO

[20] ROSSMAN, John. *The Amazon Way*. Clyde Hill Publishing, 2014.

[21] Amazon Leadership Principles. Disponível em: https://www.amazon.jobs/en/principles.
[22] Carta aos Investidores de Bezos em 2003.
[23] ROSSMAN, John. *The Amazon Way*. Clyde Hill Publishing, 2014
[24] STONE, Brad. *The Everything Store*. Nova York: Little, Brown, and Company, 2013; Back Bay Books, 2014.
[25] Carta aos Investidores de Bezos em 1997.
[26] Relatório anual da Amazon de 2010. Disponível em: https://ir.aboutamazon.com/annual-reports.
[27] STONE, Brad. *The Everything Store*. Nova York: Little, Brown, and Company, 2013; Back Bay Books, 2014.
[28] Ibid.
[29] Ibid.
[30] Ibid.
[31] Carta aos Investidores de Bezos em 2017.

FUNDAMENTO 3: SISTEMA MOVIDO POR DADOS E MÉTRICAS GERADOS POR IA

[32] Bezos declarou no Yale Club em Nova York em fevereiro, 2019.
[33] W. Edwards Deming foi um lendário pensador de negócios e pioneiro no controle de qualidade.
[34] Entrevistas com executivos da Amazon, e *The Amazon Way*, por John Rossman, 2014.
[35] Carta aos Investidores de Bezos em 2009.
[36] ROSSMAN, John. *The Amazon Way*. Clyde Hill Publishing, 2014.
[37] Relatório anual da Amazon de 2002. Disponível em: https://ir.aboutamazon.com/annual-reports.
[38] Carta aos Investidores de Bezos em 2002.
[39] STONE, Brad. *The Everything Store*. Nova York: Little, Brown, and Company, 2013; Back Bay Books, 2014.
[40] Ibid.
[41] Ibid.
[42] Carta aos Investidores de Bezos em 2018.
[43] STONE, Brad. *The Everything Store*. Nova York: Little, Brown, and Company, 2013; Back Bay Books, 2014.
[44] Carta aos Investidores de Bezos em 2014.

FUNDAMENTO 4: MÁQUINA DE INVENÇÕES INOVADORAS

[45] BAYERS, Chip. "The Inner Bezos". Wired, 1999. Disponível em: https://www.wired.com/1999/03/bezos-3/.
[46] Carta aos Investidores de Bezos em 2015.
[47] SVIOKLA, John. "Innovation Lessons from Amazon". Harvard Business Review, 2008. Disponível em: https://hbr.org/2008/05/innovation-lessons-from-amazon.
[48] STONE, Brad. *The Everything Store*. Nova York: Little, Brown, and Company, 2013; Back Bay Books, 2014.
[49] STONE, Brad. *The Everything Store*. Nova York: Little, Brown, and Company, 2013; Back Bay Books, 2014.
[50] Carta aos Investidores de Bezos em 2018.
[51] Carta aos Investidores de Bezos em 2015.
[52] Collis, David, Andy Wu, Rembrand Koning, and Huaiyi CiCi Sun. "Walmart Inc. takes on Amazon.com". Harvard Business School. Caso 718-481, Janeiro de 2018. (Revisado em maio de 2018.)
[53] TAYLOR, Bill. "How Coca-Cola, Netflix, and Amazon Learn from Failure". Harvard Business Review, 2017. Disponível em: https://hbr.org/2017/11/how-coca-cola-netflix-and-amazon-learn-from-failure.
[54] Carta aos Investidores de Bezos em 2018.
[55] Carta aos Investidores de Bezos em 2018.
[56] TAYLOR, Bill. "How Coca-Cola, Netflix, and Amazon Learn from Failure". HBR, 2017. Disponível em: https://hbr.org/2017/11/how-coca-cola-netflix-and-amazon-learn-from-failure.
[57] Bezos é entrevistado por David Rubenstein no Economic Club of Washington, D.C., em 2018.
[58] Entrevistas com executivos da Amazon.
[59] Morgan Stanley Research, 6 de dezembro de 2018.
[60] Bezos é entrevistado por no Economic Club of Washington, D.C., em 2018.
[61] Relatório anual da Amazon de 2018. Disponível em: https://ir.aboutamazon.com/annual-reports.
[62] Entrevistas com executivos na Amazon.
[63] Rossman, John. *The Amazon Way*. Clyde Hill Publishing, 2014.
[64] Carta aos Investidores de Bezos em 2017.
[65] Rossman, John. *The Amazon Way*. Clyde Hill Publishing, 2014.
[66] Carta aos Investidores de Bezos em 2018.
[67] Bezos é entrevistado no Charlie Rose Show, 2012.

[68] Carta aos Investidores de Bezos em 2018.
[69] Carta aos Investidores de Bezos em 2018.
[70] Rossman, John. *The Amazon Way*. Clyde Hill Publishing, 2014.
[71] STONE, Brad. *The Everything Store*. Nova York. Little, Brown, and Company, 2013; Back Bay Books, 2014.
[72] Relatório anual da Amazon de 2018. Disponível em: https://ir.aboutamazon.com/annual-reports.
[73] Carta aos Investidores de Bezos em 2010.
[74] Carta aos Investidores de Bezos em 2011.
[75] Carta aos Investidores de Bezos em 2014.

FUNDAMENTO 5: DECISÕES EM ALTA VELOCIDADE E DE ALTA QUALIDADE

[76] Carta aos Investidores de Bezos em 2016.
[77] Carta aos Investidores de Bezos em 2015.
[78] Carta aos Investidores de Bezos em 2015.
[79] Carta aos Investidores de Bezos em 2015.
[80] Carta aos Investidores de Bezos em 2015.
[81] CHARAN, Ram; WILLIGAN, Geri. The High-Potential Leader. Hoboken, NJ. Wiley, 2017.
[82] Carta aos Investidores de Bezos em 2016.
[83] Bezos é entrevistado por David Rubenstein no Economic Club of Washington, D.C., em 2018.
[84] http://www.feynman.com/science/the-challenger-disaster/
[85] MCGINN, Daniel. "How Jeff Bezos Makes Decisions". Harvard Business Review, 2013. Disponível em: https://hbr.org/2013/10/how-jeff-bezos-makes-decisions.
[86] STONE, Brad. *The Everything Store*. Nova York: Little, Brown, and Company, 2013; Back Bay Books, 2014.
[87] STONE, Brad. *The Everything Store*. Nova York: Little, Brown, and Company, 2013; Back Bay Books, 2014.
[88] Morgan Stanley Research, 6 de dezembro de 2018.
[89] STONE, Brad. *The Everything Store*. Nova York: Little, Brown, and Company, 2013; Back Bay Books, 2014.
[90] SUNSTEIN, Cass R. "Disagreement Results in Better Decision". HBR, 2015. Disponível: https://hbr.org/2015/08/amazon-is-right-that-disagreement-results-in-better-decisions.
[91] Amazon Leadership Principles

⁹² Carta aos Investidores de Bezos em 2016.
⁹³ Carta aos Investidores de Bezos em 2016.
⁹⁴ Bezos é entrevistado por David Rubenstein no Economic Club of Washington, D.C., em 2018.
⁹⁵ Carta aos Investidores de Bezos em 2016.
⁹⁶ Carta aos Investidores de Bezos em 1997.
⁹⁷ Carta aos Investidores de Bezos em 2017.
⁹⁸ Carta aos Investidores de Bezos em 2017.
⁹⁹ ROSSMAN, John. *The Amazon Way*. Clyde Hill Publishing, 2014.
¹⁰⁰ Bezos é entrevistado por Charlie Rose em 2012.
¹⁰¹ LAKHANI, Samir. "Things I liked about Amazon". 27 de agosto de 2017. Disponível em: https://medium.com/@samirlakhani/things-i-liked-about-amazon-4495ef06fbda.
¹⁰² STONE, Brad. *The Everything Store*. Nova York: Little, Brown, and Company, 2013; Back Bay Books, 2014.
¹⁰³ Ibid.
¹⁰⁴ Ibid.
¹⁰⁵ Discurso de formatura de Bezos em Princeton, 2010.

FUNDAMENTO 6: CULTURA DO ETERNO DIA 1

¹⁰⁶ STONE, Brad. *The Everything Store*. Nova York: Little, Brown, and Company, 2013; Back Bay Books, 2014.
¹⁰⁷ As always, I attach a copy of our original 1997 letter. Our approach remains the same, because it's still Day 1. (Carta aos Investidores de Bezos em 2014.)
¹⁰⁸ Carta aos Investidores de Bezos em 1998.
¹⁰⁹ Carta aos Investidores de Bezos em 2015.
¹¹⁰ Carta aos Investidores de Bezos em 2016.
¹¹¹ Carta aos Investidores de Bezos em 2016.
¹¹² Carta aos Investidores de Bezos em 2016.
¹¹³ ROSSMAN, John. *The Amazon Way*. Clyde Hill Publishing, 2014.
¹¹⁴ Ibid.
¹¹⁵ Ibid.
¹¹⁶ Carta aos Investidores de Bezos em 2015.
¹¹⁷ STONE, Brad. *The Everything Store*. Nova York: Little, Brown, and Company, 2013; Back Bay Books, 2014.
¹¹⁸ Amazon Leadership Principles.
¹¹⁹ Amazon Leadership Principles.
¹²⁰ ROSSMAN, John. *The Amazon Way*. Clyde Hill Publishing, 2014.

[121] Carta aos Investidores de Bezos em 2013.
[122] Carta aos Investidores de Bezos em 2008.
[123] STONE, Brad. *The Everything Store*. Nova York: Little, Brown, and Company, 2013; Back Bay Books, 2014.
[124] http://www.10000yearclock.net/learnmore.html
[125] STONE, Brad. *The Everything Store*. Nova York: Little, Brown, and Company, 2013; Back Bay Books, 2014.

ÍNDICE REMISSIVO

A.
Abordagem T2P, 132
Accept.com, 33
Alexa, 39-41, 114, 117, 121, 147
Alibaba, 39
Allied Signal, 76-7
Amazon Auctions, 35, 119, 129
Amazon Aurora, 122
Amazon Go, 39, 126
Amazon Web Services (AWS), 39-40, 47, 52, 74, 81, 117, 122, 124-6, 134, 179, 188
Amazon
    9 pontos para gestão e tomada de decisão na, 184-8
    antecipação de necessidades do cliente pela, 41
    aquisição do *Whole Foods*, 39
    aquisições, 33
    as pessoas na linha de frente da, 100-1
    cientistas na, 113
    como a loja de tudo 34
    como marca global, 40-1
    como revolucionária, 14
    compensações na, 73-5
    competência digital central na, 49-50
    contratação do talento certo na, 64-5
    desafiando as leis tradicionais de negócios, 24-5
    Door Desk Award, 191
    escolher entre serviços internos e vendedores externos na, 144-5
    estratégia do ciclo da, 37
    estratégia *flywheel* da, 37
    evitar dar bonus na, 73-5
    foco em uso de tecnologia, 45-7
    ideia central da, 42-54
    influência e visibilidade da, 24-5
    inovações fracassadas da, 119-20
    lançamento do Prime, 34-9, 173-4
    livros como pontos de partida na, 29-33
    máquina de invenções na, 19
    missão da, 180-1
    nível de detalhes para dados e métricas, 89-91
    novas contratações da, 77-9
    pedido de quatro mil iPods cor-de-rosa da Apple para o Natal, 189-90
    pensamento de longo prazo e a, 46-50
    permitindo serviços da, 40-1
    pilares das experiências do cliente, 34
    plataforma on-line de, 37-9
    plataforma on-line para, 34-9
    Prêmio da Escrivaninha de Porta, 191
    prêmio *Just Do It* da, 191
    pressão competitiva na, 39-40
    ranquear a severidade de uma emergência interna na, 189-90
    receita em dólares, 15
    receita, lucro bruto, caixa líquido de operações e lucro líquido da (2011-18), 51-2
    reserva de talentos na, 16-8

reuniões de avaliações de negócios na, 99-100
sistema de dados e métrica na, 17-8, 98-101
S-team da, 77-8, 134-5, 157-8
sucesso no negócio de infraestrutura, 39-40
tomada de decisão na, 19-20
transparência de dados em tempo real da, 143-4
valor de mercado em dólares, 15
vendas de livros na, 32-3
visibilidade na, 24-5
Workshop de Aumento de Processamento de Linguagem Natural na, 113-4
Amlogic, 42
Amplitude administrativa, 18, 99
Análise de dados, 144-5
Andon, Cabo, 185-6
Apple, 41, 45, 116, 189
Aproximações, resistindo, 172-3
Audible.de, 33
Aumento contínuo do nível de exigência do talento, 16, 54, 59-83, 176, 192
Autorização, 144-5
Avaliação, 70
Avaliação, processo de, 23-4
Avaliações detalhadas, 70
Axelrod, Amittai, 113

B.
Balanço, contabilidade de, 155-6, 199-200
Back to Basics Toys, 33
Baidu, 42
Barak, Libby, 113
Bayer, Chip, 67
Bell, Charlie, 78
Bezos, Cartas aos investidores
de 1997, 43-4, 46-50, 61-3, 154-6
de 2002, 97-8
de 2003, 62-3
de 2008, 34
de 2009, 89-90
de 2010, 103-6
de 2013, 60-2
de 2014, 78-9
de 2016, 170-1
de 2018, 38-9, 62-3, 119-20
Bezos, Jeff
a respeito das opções do cliente, 42-3
a respeito de discordar e se comprometer, 151-3
a respeito de fraqueza humana ao tomar decisões, 151-2
a respeito de opções de ações, 50
a respeito de personalização, 31-2
a respeito de resistência mental, 59-68
a respeito de velocidade, 50
a respeito do segundo dia não ser uma opção, 169-70
a respeito do tempo de espera do cliente, 96-8
a respeito estrutura de minimização de arrependimentos, 152-4
ambição de, 31-2
busca de ideias de, 122-4, 177-8
busca por símbolos poderosos de, 191-2
como líder visionário e construtor pragmático, 53-4, 62-3
como o disruptor final, 113

como pioneiro digital, 14
como um homem de números, 88-9
como um homem de palavra, 185-8
criação do relógio de 10 mil anos e, 190
criando o conceito de não loja, 34-9
cruzada contra divisão em tópicos, 157-9
definindo talento, 59-68
demanda por boa tomada de decisão, 154-5
desafios para, 114-5
desejo de criar uma organização eternamente no primeiro dia, 103-4
desprezo por burocracia e, 74-5
e a necessidade de vigilância, 134-5
educação de, 167-8
em se centrar no cliente, 44-6
entrevista na revista Fast Company, 113-4, 116, 124
falta de tempo para considerações do dia a dia, 87
fascinação com, 98-9
foco no cliente, 34, 116-7
instituição do Prêmio *Just Do It*, 191
lançamento do Prime, 34, 129-30, 149-50
mantendo a cadeira vazia na sala, 184-5
maravilhar-se com clientes e, 43-6
na Shaw, D. E., and Co., 29, 59, 103-4
o fazer o que se prega de, 82-3

objetivo para vendas de livros, 31-3
obsessão por organização, 167
ódio por burocracia, 176-7
paixão por tecnologia,105-6
realização do sonho, 54
seleção de nomes para startups, 31-2
sistema de gestão desenvolvido por, 14
Big data, 13, 173
Blackburn, Jeff, 78
BMW, 42
Bose, 42
Bossidy, Larry, 76
Buffet, Warren, 43
a respeito da Amazon, 14
Burocracia, 74-5
matar, 177

C.
Call center, treinamento, 185
CapEx (capital expenditure), 50
Centros de realização da Amazon, Programa "*Pay to Quit*" em, 60-1
Cerence, 42
Challenger, desastre, 148
Charan, Ram, 76-7, 87
Clientes
    identificando, 128-9
    invenções em nome de, 125-6
    objetivos de, 128-30
    obsessões com, 44-6, 167, 172-3
    resenhas de, 31-2
Colaboração, interfuncional, 102, 144
CommScope, 42
Comparação de preços, 97
Complacência, lutar contra 175-6

Confie, mas verifique, 96-9
Contatos por pedido, 90, 95
Corporações redesenhadas, 21-2
Covey, Joy, 81
Criatividade, 123, 129, 132
Cultura, operacionalizando a, 178-183

D.
Dados, 48-9
  coleta de 90-2
  transparência de, 144-5
Dados históricos, 146-7
Dalzell, Rick, 81-2, 149
Decisões em alta velocidade e alta qualidade, 19, 136, 141-63, 172, 174, 192
Decisões
  dando errado, 154-5
  de aumentar escala de um item, 154-62
  digitalizar decisões rotineiras baseadas em matemática, 145-6
  em alta velocidade, 173-4
  em alta velocidade e alta qualidade, 141-162
  fraqueza humana ao tomar, 151-2
  reforce abordagem consistente em todas as, 161-2
  Tipo 1, 142-3, 146-55
  Tipo 2 14, 142-6
Deming, W. Edwards, 89
DeSantis, Peter, 78
Desenhe para velocidade, agilidade e escala, 141, 197
Digitalização, 17, 21-3, 87, 92
Discordar e comprometer, 103-104
DiscVision, 42
Distintivamente diferenciado, 126

Divinamente insatisfeitos, 45-6, 125
Doerr, John, 81
2PT, abordagem, 132
Doyle, Patrick, 122
Drugstore.com, 33
DuPont Corporation, 13
DuPont, Pierre, 13

E.
Earnings versus *cash generation* e, 50-4
Echo, 40-1, 47, 117, 121-2, 147
Ecobee, 42
Ecossistema, 14
Empecilhos, identificando os, 128
Empreendedores, 24
Empresas tradicionais, companheiros de, 21
Entrada, controle de, 95-7
Entrevista de emprego, 70
Entrevistas, 69-70
Entropia, 169-70
Era digital, líderes na, 197-8
Escala, 48
Escrita, 73
Estabelecimento de objetivos, 95-7
Estrutura de matriz, 13
Estrutura de minimização de arrependimentos, 153
Estrutura em divisões, 13
Eterno primeiro dia, cultura do, 20-1, 162, 167-196
  cultura do eterno primeiro dia, 20-1, 162, 167-196
  frugalidade, 64-4, 73-4, 180-1, 202
  fulfillment by Amazon (FBA), 39-40, 102, 133
  organização funcional, 151-2

realizado pela Amazon, 40-1, 101-
-2, 132-3
regra 40-70, 143-4
Execução (livro de Ram and Bossidy), 77
Executivos sênior, 21-2

F.
Facebook, 74
Feedback, acompanhamento de 185
Ferramenta de ideias, 123
Feynman, Richard, 148
Fire Phone, 121
Firmeza, ter, 64
Flekova, Lucie, 113
Fluxo de caixa, 16
Funcionários indiretos, 177

G.
GAAP, contabilidade, 156, 200
GE, 13, 24, 87
Gear.com, 33
General Motors, 13
Geração de caixa versus lucro, 50-4
Gerentes junior a intermediários, 21-4
Gise, Lawrence Preston "Pop," 75-6
Gmail, 29
Google, 39, 41, 45, 74
Grandinetti, Russ, 78
Greenlight.com, 33

H.
Habilidades, ousando aprender novas, 116-7
Hakkani-Tür, Dilek, 114
Harman, 42
Hastings, Reed, 121
HomeGrocer.com, 33
Hsieh, Tony, 60

I.
Ideias
busca de 122-4
construir com paciência, 127-33
Igreja, organização, 13
Imitar práticas, 14
Indicador-chave de desempenho, 23-4
Informação, esperar por toda, 143-4
Iniciativa de Interoperabilidade de Voz, 41
InnoMedia, 42
Integradores de Sistema, 42-3
Intel, 42
Inteligência Artificial, ferramentas poderosas movidas por, 103-7
Inteligência Artificial, 13
Inteligência Artificial, sistema movido por dados e medidas gerados por, 17-8, 82-3, 87-117, 145-6, 191-2, 195
  aumento contínuo do nível de exigência do talento no, 16-8, 59-83, 191-2, 195
  checklist do, 195
  cultura do eterno primeiro dia, 20-1, 162, 167-195
  decisões em alta velocidade e alta qualidade no, 19-20, 141-162, 191-2, 195
  desenhe para velocidade, agilidade e escala, 197-8
  máquina de invenções inovadoras no, 19-20, 170-1, 184-5, 191-2, 195
  modelo de negócios, obcecado com o cliente no, 16-7, 29-54, 91-2, 191-2, 195
Internet, 29

impacto nas experiências de compra de clientes, 30-2
Invenção
fracasso como parte integral de 117-122
motivação implacável para, 115-122
Inventário, compra de, 146

J.
Jassy, Andy, 74, 77-8, 81, 134
Jobs, Steve, 124
Just Do It, Prêmio, 191

K.
Kaphan, Shel, 59
Kessel, Steve, 77-8, 118, 133
Kindle, 46, 67, 77, 117-8, 122, 133, 147
Kotas, Paul, 78

L.
Lakhani, Samir, 161
Leveraging of digital management system, 2
Libre, 42
Líderes na era digital, 197-8
Limp, Dave, 41
Linkplay, 42
Livros, como ponto de partida, 30-3
Livros mais vendidos, 97
Logitech, 42
Longo prazo, pensamento de, 62-3
Lovejoy, Nicholas, 67-8
LPA (lucro por ação), 50

M.
Máquina de invenções inovadoras, 19, 63, 113-37, 170, 184, 192
Matemática, Digitalizar decisões rotineiras baseadas em, 146-7
Mecanismo de autosseleção, 72-5
Mecanismos de imposição, criando, 183-4
Mechanical Sensei, 105
MediaTek, 42
Melhores, contratar e desenvolver os, 64-5
Mercado global, 13
Metodologia consistente, especificando, 157-62
Metodologia de resolução de problemas, 177-8
Microsoft, 39, 42
Militar, organização, 13
Modelo de negócios, obcecado com o cliente, 16-7
Moore: Lei de, 34
Motorola, 116
Mudança, imaginando a possível, 149-50
Mundo, Amazon no topo da lista das 500 Marcas mais influentes do, 45
Munger, Charlie, 43
MyBox, 42
MySQL, 122

N.
Não loja, surgimento do conceito, 34-40
Narrativas de seis páginas, 158, 160
Narrativas, 157-62
Netflix, 34, 121, 123
Nokia, 116
NXP Semiconductors, 42

O.

Obcecado com o cliente, modelo de negócios, 16-7, 29-54, 91-2, 191-2, 195
OpEx (*operational expenditure*), 50
Orange, 42
Orçamento, 24
controle do, 177
Order defect rate (ODR), 90
Organizações de legado, 21
Organizações empresariais, 13

P.

Paciente, ousando ser, 121
Parcela de mercado, 14
Patamar, aumentar constante do, 101-4
Patamar, os que levantam o, 17-8, 68-75
Pensamento de manada. combatendo, 151
Pensamento estratégico , 156
Pensar
    combater o de manada, 151-2
    de longo prazo, 46-50
    estratégico, 155-6
Personalização, 31
Pets Smart, 33
Piacentini, Diego, 149
Ponto de virada, 48
PostgreSQL, serviço compatível com, 122
Power Point, 73, 157-60
Precificação permitida por automação, 106-7
Precificação, 187-192
Prestação de contas,144-7
    reforçar de ponta a ponta, 134-5
Prime Now, 78-9
Prime, 34, 40, 67, 102, 123, 130, 149-50
    lançamento do, 34, 129-30, 149-50
Princípios consistentes, cristalize, 155
Princípios da Liderança da Amazon, 68-9, 73-4, 180-1, 187-9, 201-4
    Aprenda e tenha curiosidade, 180--1, 202
    Contrate e desenvolva os melhores, 64-5, 180-1, 202
    Entregue resultados, 64-5, 180-1, 204
    Esteja Certo, muito, 180-1, 202
    Frugalidade, 64-5, 73-4, 180-1, 203
    Insista nos padrões mais altos, 78-9, 180-1, 202
    Invente e simplifique, 123-4, 180--1, 201
    Mergulhar fundo, 64-5, 97-8, 139, 180-1, 203
    Obsessão com o cliente, 44-6, 62-3, 172-3, 180-4, 187-8, 201
    Pense grande, 180-1, 203
    Propriedade, 62-5, 180-1, 201
    Tenha firmeza; discorde e se comprometa, 64-5, 180-1, 204
    Viés para ação, 180-1, 190-2, 203
Procedimento operacional padrão (POP), 76, 161
Processamento de Linguagem Natural, 113
Processos, simplificando, 177-8
Propriedade da métrica, 144-5

Q.

Qualcomm Technologies, Inc., 42

R.
Recrutamento, 17
Reembolso automático, 186
Regra 70-90, 144
Resistência mental, 65-7
Resultados, entrega de, 64-5
Rose, Charlie, 63, 159
Rossman, John, 66, 127-8, 159, 175, 177

S.
Sagemcom, 42
Salesforce, 42
Samsung, 41
Schölkopf, Bernhard, 114
Segundo dia, protegendo-se de, 170-8
    serviço simples de armazenamento, 123-4
SFR, 42
SGW Global, 42
Shaw, D. E., and Co., 29, 59, 103
Shaw, David, 29, 103
Símbolos e recompensas memoráveis, inventar 190
Sistema de Gestão Amazon, 14-6, 23-4, 27, 83, 88, 171, 192-3
Sistema de gestão digital, alto poder no, 23-4
Sistema operacional, 13
Sloan, Alfred, 13
Soluções padrão, 189-90
Sonos, 42
Sony Audio Group, 42
Sound United, 42
Spotify, 42
S-team, 78, 157
Stone, Brad, 149
StreamUnlimited, 42

Sugr, 42
Supervisão de pessoal, necessidade de, 17-8

T.
Talento(s)
    definindo o correto, 59-68
    lutando pelo melhor, 79-83
    motivando e retendo o certo 74-83
    recrutando os certos, 67-8
Talento, aumento contínuo do nível de exigência do, 16-8, 59-83, 191-2, 195
Taxa de cancelamento pré-realização, 90
Taxa de defeito em pedidos, 90
Taxa de envio tardio, 90
Taxa de reembolso, 90
Tecnologia digital, 13
Tempo real, 93
Tencent, 42
Tendência externa, acolhendo, 172-4
Teor do trabalho, mudanças em, 21-2
Teoria tradicional de administração, 40
Termodinâmica, 169
The Amazon Way (livro de Julie Weed), 162
The Verge (Dave Limp), 41
Times
    escolhendo o líder certo, 132-3
    de imersão total, 131-3
    universitários, 76
Time de duas pizzas, 131-2
Time de imersão total, 132
Times universitários, 76
Tipo 1, Decisões, 139, 142-3, 147
Tipo 2, Decisões, 139, 142-45, 174

Tonly, 42
Toyota, Sistema de Produção, 185-6

V.
Velocidade , 48-9
Vendas de terceiros, 35-6, 38-40, 105--7, 126-7, 129-31
Verificação semanal, 184
Verizon, 42
Viés de omissão, 122
Vieses
    eliminação de, 97-8
Voice Interoperability Initiative, 41

W.
Ward, Charlie, 123
Waseem, Zeerak, 114
Web, atividade na, 29
Weed, Julie, 162
Welch, Jack, 13, 87
Whole Foods, aquisição pela Amazon, 39
Wilke, Jeff, 74, 76-8, 99, 102-3, 133
Wine Shopper.com, 33
World Brand Lab, 45
Worldwide Consumer, 74, 99, 133

X.
Xinheng, Wan, 90
Y.
Yahoo Mail, 29
Yang, Julia, 60, 114, 198, 206

Z.
Zapolsky , David, 78
Zappos, 33, 60-1
ZShops, 35

**Acreditamos
nos livros**

Este livro foi composto em Adobe Garamond Pro e Bebas Neue Pro e impresso pela Geográfica para a Editora Planeta do Brasil em janeiro de 2022.